대리인(Agency) 문제와 기업의 초과현금(Excess Cash) 보유

임재민

서울경제경영

| 저자소개 |

임 재 민

학부와 대학원에서는 행정학과 정책학을 전공하였으나 IMF 경제 한파를 피하고자 자리를 잡은곳이 마침 자본시장 관련된 증권업이었다.

대학원 석사까지 공부했던 공공정책(행정)에 대한 꾸준한 관심과 20년 가까운 자본시장 근무경험이 합체가 되어 자본시장과 그 정책에 관한 논문을 완성하고자 기업의 초과현금보유에 관심을 가지게 되었다.

박사학위 과정에서 이에 대한 본격적인 연구를 시작하여 2019년 1월 두편의 SCI급 저널(SSCI, SCOPUS)에 논문을 게재하였으며 동년 2월 서울비지니스스쿨(SBS, aSSIST)에서 박사학위 수여후, 현재 산업정책연구원(IPS) 연구교수로 재직중이다.

본 도서는 서울과학종합대학원대학교 박사학위논문을 바탕으로 재편집된 것입니다.

들어가는 글

아시아 외환위기 (1997~1999)와 글로벌 금융위기 (2008~2009)를 겪으면서, 한국 기업의 현금보유량은 지속적으로 증가해왔다. 1995년 총자산 대비 현금성 자산의 비율이 8% 수준이었으나, 2015년에는 12%대로 증가했다. 한국 정부는 2014년부터 기업이 한 해 동안 벌어들인 이익의 80% 이상을 투자, 배당, 자사주 취득 및 임금인상에 사용하지 않으면, 차액의 일부를 법인세로 추가 징수한다는 '기업소득환류세제'라는 제도를 도입했다. 이 제도는 2018년부터 일부 내용만 변경되어 '투자상생협력촉진제'라는 이름으로 계속해서 시행되고 있다. 이에 따라, 한국에서는 기업의 적정 현금보유 수준에 대한 논란이 지속되고 있다.

기업은 보유한 현금을 신규사업과 M&A 추진, 자사주 매입 및 배당에 활용하여 기업가치를 높일 수 있다. 그러나 기업이 적정수준을 초과하여 현금을 보유하면 주주와 경영자 사이의 대리인문제가 발생할 수 있다. 대리인문제로 인해 경영자는 수익성이 낮은 투자처에 투자하거나 불필요한 인수합병에 초과현금을 낭비하여 기업의 규모를 과다하게 확장시킴으로써, 기업가치가 하락할 수 있다 (Blanchard et al. 1994; Core et al. 1999; Jensen 1986; Opler et al. 1999).

따라서 대리인 문제가 기업의 현금보유에 영향을 미치는 요인이라면 대리인 문제의 핵심인 경영자 특성과 이러한 경영자를 감시 감독할수 있는 기업지배구조 정점으로서의 이사회 특성이 기업의 초과현금 보유에 미치는 영향에 대한 본 연구의 내용과 결과는 기업의 초과현금 보유를 이론적으로 설명할 수 있는 실증적 근거를 제시한다는 것과 또한 그 결과를 정책담당자들이 초과현금보유에 대한 통제시스템을 설계하는데 필요한 근거자료로 활용할 수 있다는 것에 의의가 있다.

목 차

제4장 연구결과 및 해석 41

표목차

그림목차

Chapter

01 서론

1. 연구의 배경 및 목적

2016년말 현재 전 세계 굴지의 글로벌 기업들이 쌓아 놓은 현금이 12조 달러 (약 1경 3,740조원)에 달한다고 하며 한국 역시 코스피 시총 상위 100개사 가운데 연단위 자산규모 비교가 어려운 28개(금융주, 우선주, 신규상장 종목 등)를 뺀 72개사의 연결 재무제표 기준 현금성 자산은 총 115조7000억 원으로 집계됐다. 이는 글로벌 기업의 경우 10년전에 비해 80%가까이 늘어난 규모이며 한국도 5년여 전인 2012년말의 75조2000억 원에서 2016년 말 115조2000억 원으로 40조 원 가까이 늘었다.

▌그림 1▌ 주요 글로벌 기업 현금보유액 (한국경제 2017)

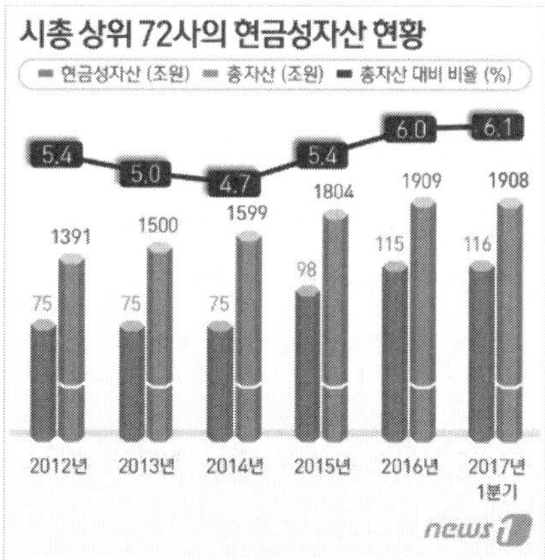

▌그림 2▌ 한국 시총상위 72사 현금성자산 (뉴스원 2017)

한국 기업의 현금보유수준 및 비율이 증가한 원인은 아시아 외환위기와 글로벌 금융위기를 겪으면서 예기치 못한 자금수요에 대비하기 위한 현금보유의 중요성을 학습했기 때문이다. 또한 두 번의 위기에서 생존을 위해 고통스러운 구조조정을 단행하여, 기업들의 수익성이 향상되었다는 것도 원인으로 볼 수 있다.

한국 기업들이 현금보유를 증가시킴으로써 영업활동을 영위하는데 필요한 거래적 동기에 따른 현금수요는 물론 예기치 못한 미래의 자금수요나 투자기회에 대응하기 위한 예비적 동기에 따른 현금수요를 충족시킬 수 있다는 장점이 있다. 그러나 거래적 동기 및 예비적 동기에 따른 현금수요를 초과하는 현금보유는 기업 전체의 수익성을 저하시킨다. 적절한 곳에 투자하여 얻을 수 있는 수익창출의 기회를 잃어버릴 뿐만 아니라 적절한 투자처를 찾지 못한 상태에서 무리하게 비관련 다각화와 같이 수익성이 낮은 투자를 감행하는 경우, 오히려 기업가치가 낮아질 수 있기 때문이다.

한국 기업들의 현금보유 증가로 기업들이 투자를 외면하고 현금만 쌓아두고 있으며, 배당도 하지 않고 주주의 이익을 외면한다는 비판이 일고 있다. 이에 한국 정부는 사내유보금에 대한 과세제도인 기업소득환류세제와 투자상생협력촉진세제를 도입하였다. 이러한 제도의 도입목적은 기업의 높은 유보금이라기 보다는 근본적으로 기업 내부의 자금인 현금을 목표로 한 정책이다. 2015년부터 2017년까지 3년간 사내유보금 축소와 기업의 투자활성화를 위해 '기업소득환류세제'[1]를 도입했다. 또한 2017년 말로 종료되는 '기업소득환류세제'를 한층 강화한 '투자상생협력촉진세제'[2]를 2018년부터 2020년까지 3년간 시행한다.

현재 한국에서는 기업소득환류세제나 투자상생협력촉진세제와 같은 사내유보금

---

1) '기업소득환류세제'는 자기자본이 500억원을 초과(중소기업 제외)하는 기업 또는 대규모기업집단 소속 기업을 대상으로 기업의 한 해 이익의 일정 비율(투자를 제외할 경우 30%, 투자를 포함할 경우 80%)을 투자, 배당 및 임금 인상분에 사용하지 않을 경우, 미달 금액의 10%를 법인세로 추가 징수하는 제도이다.

2) '투자상생협력촉진세제'에 의하면 자기자본이 500억원을 초과(중소기업 제외)하는 기업 또는 대규모기업집단 소속 기업을 대상으로 기업의 한 해 이익의 일정 비율(투자를 제외할 경우 30%, 투자를 포함할 경우 80%)을 투자, 임금 증가 및 중소기업과의 상생협력 등에 사용하지 않으면, 미달 금액의 20%를 법인세로 추가 징수한다.

과세제도의 정책 효과에 대한 찬반논란이 뜨겁다. 정책에 반대하는 측에서는 기업의 재산권 행사에 걸림돌이 될 뿐 아니라 이중과세 측면이 있다고 지적한다. 또한 Kim et al.(2014)은 2005년~2012년까지 실제 현금보유가 2001~2004년의 현금보유결정 모형으로 추정한 기업의 현금보유와 유의적으로 다르지 않다는 연구결과를 보고하면서, 과거보다 증가한 최근 기업의 현금 증가가 과도하다는 지적을 비판하였다. 또한 한국 기업이 과거보다 현금보유가 증가했지만 외국에 비해 높은 수준은 아니라는 지적도 있다.

이러한 배경을 고려할 때, 한국 기업을 대상으로 적정 수준(비율)을 초과하는 초과현금보유에 대한 실증분석의 필요성이 높아졌다. 초과현금보유에 대한 실증분석의 첫 걸음은 초과현금보유의 원인을 파악하는데 있다. 선행연구에서는 기업의 현금보유에 대한 결정요인을 기업의 특성에 초점을 맞춰 분석하였다. 그러나 기업의 초과현금보유에 대한 원인을 파악하려는 노력은 상대적으로 적었다. 또한 기업의 초과현금보유에 대한 의사결정을 내리는 경영자의 특성을 파악하려는 연구는 매우 드문 실정이다.

경영자는 기업의 최고 의사결정권자로 주주를 대신하여 기업 경영에 대한 권한과 기업 성과에 대한 책임을 동시에 가지기 때문에, 기업의 초과현금보유에 영향을 미칠 수 있다. Jensen(1986)에 의하면 경영자와 주주 사이의 상이한 이해관계로 나타나는 대리인문제와 잉여현금흐름(free cash flow) 사이에 유의적인 관련성이 있다고 주장한다. 또한 경영자의 위험선호와 재임기간에 따른 투자기간이 현금보유와 관련한 의사결정에 영향을 미칠 수 있다. 그러므로 기업의 초과현금보유의 중요한 원인으로 경영자의 특성을 고려할 필요가 있다.

그런데, 한국 기업의 경영자는 외국 기업의 경영자와 상이한 특성을 가지고 있다. 소유와 경영이 분리된 대부분의 미국 기업에서는 주식소유의 분산 정도가 매우 높다. 따라서 전문경영자가 소유자인 주주의 이익을 위해 일하지 않고 자기 자신의 이익을 추구하는 주주와 경영자 사이의 대리인문제가 발생할 가능성이 높다. 반면 한국 기업은 주식의 대부분을 소유자와 그 가족이 보유한 소유경영 체제가 많으며, 주식 소유의

분산 정도가 낮다. 소유경영 체제하의 기업은 소액주주의 수가 많은 특징을 가진다. 또한 한국 기업은 미국 기업과 달리, 대규모기업집단이 존재한다. 대규모기업집단은 창업자와 그 가족이 동일인지분, 특수관계자 지분, 계열사간 출자지분을 이용하여, 고용 경영진을 통제하고 실질적인 최고경영자 역할을 수행한다. 그러므로 한국은 미국과 달리 소액주주와 지배주주 사이의 대리인문제가 발생할 가능성이 높다. 이러한 측면에서 한국 기업을 대상으로 기업의 초과현금보유에 대한 원인을 경영자 특성 측면에서 살펴보는 것은 선행연구와 차별화되는 연구로서의 의의가 있다

또한 적정 수준을 초과한 기업의 현금보유의 원인이 대리인문제에 있다면, 경영자가 주주의 입장에서 경영활동을 수행할 수 있도록 감시할 수 있는 효과적인 이사회를 구축하는 것이 중요하다. 왜냐하면, 이사회는 기업지배구조 상에서 주주의 이해를 추구하기 위해 경영자를 감시할 수 있는 최고의 의사결정기구이기 때문이다(강윤식 외 2012).

이러한 측면에서 기업의 초과현금보유에 영향을 미치는 이사회 특성을 살펴보는 것은 선행연구와 달리 기업의 초과현금보유에 대한 원인을 경영자 감시를 위한 이사회와 같은 기업지배구조 측면에서 검증한다는 측면에서 학문적 의의를 찾을 수 있다. 또한 기업의 초과현금보유에 영향을 미치는 이사회 특성을 파악하는 것은 초과현금보유에 대한 통제시스템을 설계하고 기업지배구조를 개선하기 위한 정책 마련의 근거로 활용할 수 있다는 측면에서 실무적 의의도 찾을 수 있다. 그러나 경영자를 효과적으로 감시할 수 있는 이사회의 특성과 초과현금보유 사이의 관계를 실증적으로 검증한 선행연구는 매우 부족한 실정이다.

이상의 내용을 종합해 본 연구의 목적 및 의의는 우선 학문적으로 초과현금보유에 영향을 미치는 요인으로 대리인이론에 근거한 경영자 특성과 기업지배구조 핵심으로서의 이사회 특성을 선정하고 이를 실증적으로 검증함으로써, 초과현금보유를 이론적으로 설명할 수 있는 실증적 근거를 제시한다는 것과 또한 본 연구의 결과는 정책담당자들이 초과현금보유에 대한 통제시스템을 설계하는데 필요한 근거자료로 활용할 수 있다는 것이다.

2. 연구의 구성

본 연구의 목적을 달성하기 위해, 2000년부터 2014년까지 한국거래소 유가증권시장에 상장된 비금융기업 가운데, 검증에 필요한 자료를 얻을 수 있는 기업을 표본으로 선정하였다.

표본 가운데 2000년부터 2004년까지 5년간 2,133개 기업-년 자료를 추정표본(estimation sample)로 이용하여, Opler et al.(1999)의 현금보유모형을 추정하였다. 그리고 2005년부터 2014년까지 10년간 4,831개(경영자 특성), 4,829개(이사회 특성)의 기업-년 자료를 확인표본(holdout sample)으로 이용하여 초과현금보유를 계산하고, 경영자 특성, 이사회 특성과의 관련성을 분석하였다.

본 연구는 다음과 같이 구성되었다. 2장에서는 현금보유 및 초과현금보유 그리고 대리인 문제와 초과현금보유에 관한 선행연구 등을 살펴본다. 3장에서는 연구방법으로 2개의 실증연구 즉, 연구1(경영자 특성과 기업의 초과현금 보유), 연구2(이사회 특성과 기업의 초과현금 보유)에 대한 연구가설의 설정, 가설 검증모형 및 변수의 정의, 표본의 선정 및 분석방법을 제시한다. 4장에서는 2개의 실증연구에 대한 연구가설을 검증하고, 분석결과에 따른 해석을 기술한다. 마지막으로 5장은 결론부분으로 연구결과를 요약하고, 연구의 공헌점과 향후 연구방향에 대해 기술한다.

Chapter 02

이론적 배경 및 선행연구

본 장에서는 기업의 현금보유 및 초과현금 보유, 대리인 문제와 초과현금 보유에 대한 이론과 선행연구들을 살펴본다.

특히 대리인 문제와 직접적인 관련이 있는 최고경영자, 그리고 이의 감시주체인 이사회 특성과 초과현금보유에 관한 이론 및 선행연구에 주목하여 서술한다.

1. 현금 보유 및 초과현금 보유

기업이 현금을 보유하면 유동성이 높아져 재무구조가 건전해지며 지급불능 위험이 감소될 수 있다(Myers and Majuf 1984). 기업이 현금을 보유하는 이유를 다음과 같은 세 가지 측면에서 설명할 수 있다.

첫째, 거래비용을 절감하기 위해 현금을 보유할 수 있다. 고전적 재무이론에서는 비현금 금융자산을 현금으로 교환할 때 거래비용이 발생할 수 있기 때문에, 거래비용을 절감하고 일상적인 현금수요에 대비하기 위해 일정수준의 현금을 보유한다고 설명한다(Baumol 1952).

둘째, 추가적인 자금수요에 대응하기 위해 자본시장에서 자금을 조달하는 데 추가적인 비용이 소요될 수 있기 때문에, 기업이 현금을 보유할 수 있다. 예비적 수요와 관련하여 Opler et al.(1999)은 기업이 위험에 노출될 가능성이 높은 경우, 현금을 많이 보유하게 된다는 실증분석 결과를 제시하였다. Almeida et al.(2004)는 금융제약에 처해있는 기업일수록 영업활동으로 인한 현금흐름을 사용하여 현금을 축적한다는 연구결과를 보고하였다.

셋째, Jensen(1986)은 대리인인 경영자가 사적이익을 추구하기 위해 현금을 더 많이 확보할 수 있음을 강조하였다. 그러므로 경영자를 감시할 수 있는 기업지배구조가 갖춰진 기업인 경우, 불필요한 현금보유가 감소할 수 있다. Dittmar et al.(2007)의 연구에서는 소액주주 보호가 취약한 국가에서 기업의 현금보유비중이 높은 것으로 나타났다.

기업의 현금보유에 대한 실증연구는 주로 현금보유에 영향을 미치는 요인을 파악하는데 초점을 맞추고 있다. Opler et al.(1999)은 성장기회가 높은 기업, 현금흐름 변동성이 큰 기업, 규모가 작은 기업 및 신용도가 낮은 기업이 더 많은 현금을 보유한다는 연구결과를 제시하였다. Kim et al.(1998)은 기업의 실물자산과 유동자산 사이의 투자수익률 차이가 커지면 유동성에 대한 투자를 줄이는 반면, 외부자금조달비용, 미래현금흐름의 변동성 및 미래 투자기회의 수익률이 높은 경우에는 유동성에 대한 투자를 높인다는 연구결과를 제시하였다. Mikkelson and Partch(2003)는 연구개발(R&D)처럼 대규모 투자를 하거나 자산의 성장률이 높은 기업들이 대규모 현금을 보유한다는 실증분석 결과를 제시하였다.

국내 연구에서도 김창수와 조담(1996)은 외부차입비용, 영업이익의 변동성 및 성장성이 큰 기업 그리고 실물자산 투자수익률과 유동자산 투자수익률의 차이가 작은 기업이 현금을 많이 보유한다는 연구결과를 제시하였다. 김병기(2004)는 부채비율과 유형자산비율이 낮을수록 더 많은 현금을 보유한다는 연구결과를 제시하였다.

현금보유를 결정하는 요인에 대한 선행연구 결과는 현금보유와 관련된 기업의 특성을 이해하는데 도움을 줄 수 있으나, 현금보유가 적정한 수준인지를 판단하기 위한 근거를 제시하지는 못한다. 다만 현금보유 결정요인에 대한 선행연구를 이용하여 기업이 보유한 현금수준이 적정한 수준을 초과하는지 검증할 수 있는 기회를 제공한다. Opler et al.(1999)은 실제 현금보유 수준과 예측된 현금보유 수준간의 차이를 초과현금으로 정의했다. 김병모(2012)는 현금자산모형을 추정하는 과정에서의 잔차를 초과현금으로 정의했다. 신민식(2012)도 현금보유결정모형을 활용하여, 초과현금 보유기업을 구분하였다.

기업이 초과현금을 보유한다는 것은 현금보유로 인한 기회비용이 크다는 점을 의미한다. 대리인이론 관점에서 보면 경영자의 과다한 현금보유는 부적절한 잉여자원의 사용으로 이어질 가능성이 높기 때문에, 주주의 부가 침해될 수 있다(Jensen 1986). 그러므로 기업의 초과현금보유는 기업가치의 저하로 이어질 가능성이 높다. 선행연구에서는 일반적으로 초과현금보유와 기업가치 사이에 유의적인 음의 관계를 보고하고 있다.

Blanchard et al.(1994)은 초과현금을 보유한 기업이 초과현금을 주주에게 배당하기보다 기업 내에서 낭비할 가능성이 높다고 주장하고, 초과현금을 경영자보상으로 사용하면 주주가치가 훼손된다는 연구결과를 제시하였다. Opler et al.(1999)은 초과현금 보유기업이 초과현금을 부적절한 기업합병에 낭비할 가능성이 크다고 주장하였다. Harford(1999)는 기업이 초과현금을 사용하여 기업을 인수한 5년 이후 영업성과가 감소한다는 결과를 보고하였다. Faulkender and Wang(2006)은 기업의 현금보유가 증가할수록 현금의 한계가치가 하락하는 연구결과를 제시하고, 이러한 결과를 초과현금 보유가 주주가치를 훼손시키는 증거라고 주장하였다.

한편, Harford(2008)는 초과현금을 보유한 기업의 지배구조가 취약하면 초과현금을 낭비할 가능성이 더 높아진다고 주장하였다. 그러나 Mikkelson and Partch (2003)의 연구에서는 기업이 지속적으로 초과현금을 보유하더라도 영업성과에는 유의적인 영향을 미치지 않는다는 연구결과를 제시하였다.

선행연구 결과에 근거하여 기업의 초과현금보유에 대한 연구는 향후 두 가지 방향으로 전개될 필요가 있다. 첫째, 기업의 초과현금보유에 영향을 미치는 요인을 파악하는 것이다. 둘째, 기업의 초과현금보유가 어떤 경로를 통해 기업가치에 영향을 미치는지를 파악하는 것이다. 그런데 이러한 두 가지 연구방향은 모두 현금보유를 결정하는 요인에 대한 타당성을 전제하고 있다. 그러므로 기업의 현금보유에 대한 선행연구를 종합적으로 검토하여 타당성이 높은 현금보유결정모형을 설정한 후 기업의 초과현금보유를 측정함으로써, 이러한 연구수요에 대응할 수 있다.

2. 대리인 문제와 초과현금 보유

주인인 주주와 대리인인 경영자 사이에 경영자의 행동에 대한 정보가 비대칭인 경우, 경영자가 주주의 부보다 경영자 자신의 사적이익을 추구하는데 노력을 투입하는 도덕적 해이(moral hazard)가 발생한다(Jensen and Meckling 1976). 주주와 경영자 사이의 정보비대칭에 의한 대리인문제는 기업 내부 자원의 비효율적 배분을 유도할 수 있기 때문에, 기업가치가 낮아지는 원인이 될 수 있다. 기업의 초과현금보유도 이러한 대리인문제의 일환으로 볼 수 있다.

Jensen(1986)은 기업의 이익을 어떻게 사용할 것인지에 대해 주인인 주주와 대리인인 전문경영자 사이의 이해관계가 상충될 수 있기 때문에, 주주보호나 기업지배구조가 나쁜 경우 초과현금보유(excess cash holding)가 나타날 가능성이 높다고 주장한다. 왜냐하면, 경영자에 대한 감시가 효과적이지 않은 기업지배구조 하에서는 기업이 보유한 초과현금을 경영자가 자신의 사적이익을 위해 무분별하게 사용할 개연성이 존재하기 때문이다(임경묵과 최용석 2006; Ferreira and Vilela 2004).

한편 대리인문제를 주주와 경영자 사이의 수직적 대리인문제(vertical agency problems)와 소액주주와 지배주주 사이의 수평적 대리인 문제(horizontal agency problems)로 구분할 수 있다((Jensen and Meckling 1976; Shleifer and Vishny 1997; Gilson and Gordon 2003). 대규모기업집단의 지배주주가 기업경영에 참여하는 경우, 소액주주와 지배주주 사이의 대리인문제가 발생할 수 있다. 기업경영에 참여한 지배주주들이 현금흐름권(cash-flow rights)을 초과하는 통제권(control rights)을 행사할 때, 지배주주들이 소액주주들의 부를 침해하면서 사적이익을 추구할 유인이 발생할 수 있다(김명인과 최종학 2008)

이외에도 대리인 문제와 기업의 초과현금보유 관련한 다양한 연구결과가 제시되었다.

Stultz(1990)는 대리인가설에 따를 경우 투자기회가 많은 성장기업보다는 투자기회가 작은 기업일수록 초과현금을 보유하게 되고 보다 많은 투자를 하리라 주장했다. Bertrand and Mullainathan (2003)도 악성적인 대리인 문제의 유형을 제시하면서

CEO의 조용한 삶(quiet life)에 대한 욕구가 적정한 수준의 현금보유 버퍼를 뛰어넘는 현금보유를 유발한다고 하였다.

최근 Dittmar, Mahrt-Smith, and Servaes (2003) Pinkowitz, Stulz, and Williamson (2006)의 연구에서는 투자자에 대한 보호가 미미한 나라에서는 기업은 보다 많은 현금을 보유하려는 반면에 투자자들이 보다 많은 영향력을 행사하는 나라들에서는 경영자로 하여금 현금을 쌓아두지 못하게 하고 있음을 밝혔다.

Nikolov and Whited (2011)는 연구에서 전형적인 대리인 문제는 22%까지 현금보유 비율을 끌어 올렸으며 이는 결국 6%의 주주가치 하락을 유발시켰다고 추정하였다.

따라서 본 연구에서는 대리인문제에 근거하여 기업의 초과현금보유에 영향을 미치는 요인으로 경영자 특성과 함께 이러한 대리인 문제를 해소하기 위한 감시주체로서 기업지배구조의 정점을 이루고 있는 이사회 특성에 주목한다.

경영자는 기업의 초과현금보유에 대한 의사결정자이며, 보유한 초과현금보유를 자신의 사적이익 등을 위해 사용함으로써 대리인문제를 발생시킬 유인을 가지고 있기 때문이다. 그리고 이사회는 기업지배구조 상에서 주주의 이해를 추구하기 위해 경영자를 감시할 수 있는 최고의 의사결정기구이다. 그러므로 이사회가 대리인문제를 감소시키고 경영자로 하여금 주주의 입장에서 경영활동을 수행할 수 있도록 효과적인 감시역할을 수행한다면, 기업의 초과현금보유가 감소되고 기업가치가 높아질 수 있기 때문이다.

(1) 경영자 특성과 초과현금 보유

기업이 적정수준을 초과하여 현금을 보유하는 원인을 경영자와 관련하여 설명하기 위해서, 대리인이론(agency theory)과 경영자의 위험에 대한 태도 및 기간 문제(horizon problem)를 이론적 근거로 사용할 수 있다.

대리인이론에서는 주주와 경영자 사이의 이해관계가 서로 다를 수 있다고 가정한다(Jensen and Meckling, 1976). Jensen(1986)은 기업이 보유한 잉여현금흐름(free cash flow)이 경영자가 자유롭게 통제할 수 있는 재무자원이기 때문에, 경영자는 잉여현금흐름을 초과현금으로 축적하려는 유인을 가진다고 주장한다. 그리고 Jensen and Meckling (1976)은 외부감시가 소홀하면 경영자가 기업의 자원을 비효율적으로 사용할 수 있다고 주장한다. 풍부한 현금을 보유한 경영자는 사적인 이익을 추구하기 위해 현금을 사용하거나, 수익성이 낮은 비관련 사업에 과잉투자를 할 수 있다. 또한 초과현금을 기업인수합병(M&A)에 사용하여 기업규모를 키우는 것과 같이 외형위주의 대형 사업에 투자하여 제국을 건설(empire building)하려는 경향을 보인다. Harford et al.(2005)과 Pinkowitz et al.(2006)은 기업이 초과현금을 축적하면 대리인문제가 발생한다는 증거를 제시하였다.

주주와 경영자 사이의 수직적 대리인문제(vertical agency problems)와 달리 소액주주와 지배주주 사이의 수평적 대리인문제(horizontal agency problems)도 발생할 수 있다(Shleifer and Vishny, 1997; Faccio et al., 2001; Gilson and Gordon, 2003). 소액주주와 지배주주 사이의 수평적 대리인문제는 지배주주가 소액주주의 이해와는 관계없이 자신의 사적 이익을 추구함으로 인해 발생한다. 그러므로 지배주주는 소액주주의 이해에 반할지라도 자신의 이익을 추구하기 위해, 자신의 통제권 하에 보다 많은 자원을 축적하려는 유인을 가질 수 있다. 이러한 방법의 하나는 보다 많은 현금을 기업 내에 축적하는 것이다. 그러므로 소액주주와 지배주주 사이의 대리인문제가 발생하는 경우, 적정 수준 이상의 현금을 보유하려는 유인이 발생할 수 있다.

경영자의 위험에 대한 태도도 경영자가 적정수준을 초과하여 현금을 보유하는 원인으로 설명할 수 있다. 경영자는 자신의 인적 및 재무적 자본이 회사에 묶여있어, 주인으로서의 위치를 쉽게 변경할 수 있는 주주에 비해 상대적으로 위험 회피적인(risk averse) 성향을 가진다(Amihud and Lev, 1981). 그러므로 경영자들은 기업의 투자를 분산시키거나 위험이 낮은 투자안을 채택함으로써, 경영자 자신의 포트폴리오 위험을 감소시키려는 유인을 갖게 된다. 이러한 경영자의 위험회피유인에 따라 과소투자의 문제가 발생할 수 있다. 이는 주주의 부를 감소시킬 수도 있는 주주와 경영자 사이의 대리인문제의 일환이 될 수 있다. 그러므로 위험회피적인 성향을 가진

경영자는 인수위협과 같은 시장의 규율(discipline)로부터 자신을 보호하는 수단으로 활용하기 위해, 적정 수준 이상의 현금을 보유하려는 유인이 발생할 수 있다(Tong, 2010).

그런데 경영자에게 제공되는 스톡옵션 보상이 이러한 경영자의 위험회피성향을 완화시키는 유인을 제공할 수 있다(Smith and Stulz, 1985; Guay, 1999). 스톡옵션 보상은 주주와 경영자간의 이해관계를 일치시키기 위한 동기를 부여하면서 주가 하락에 따른 위험 부담을 줄여주기 때문에, 스톡옵션을 부여 받은 경영자는 위험이 높고 기대수익률이 높은 투자 기회에 적극적으로 투자할 유인을 갖게 된다(Brookfield and Ormrod, 2000; Core and Guay, 1999; Dechow and Sloan, 1991; Hall, 2000; Hanlon et al., 2003). 즉 투자가 성공하면 경영자가 얻는 보상수준은 높아지고, 투자가 실패하더라도 옵션프리미엄만큼[3]만 손실을 보게 되므로, 스톡옵션의 부여로 인해 경영자의 위험회피성향은 낮아질 수 있다(Haugen and Senbet, 1981). 또한 스톡옵션의 가치는 주가 이외에 주가변동성과 연동되기 때문에, 스톡옵션을 부여 받은 경영자는 자신의 미래의 부를 높이기 위해 주가변동성을 증가시킬 수 있다. 그러므로 스톡옵션 보상을 받은 경영자는 적정 수준 이상의 초과현금보유를 줄이려는 유인이 있을 수 있다(Tong, 2010).

한편, 경영자의 기간 문제(horizon problem) 역시 경영자가 적정수준을 초과하여 현금을 보유하는 원인으로 설명할 수 있다. 경영자는 자신의 재임 기간 동안의 사적 이익에 집중하기 때문에, 단기적으로 비용을 발생시키지만 장기적으로 투자의 효과를 볼 수 있는 투자보다 단기적인 편익을 얻을 수 있는 곳에 우선적으로 투자하는 것을 선호한다(Berle and Means, 1932: Jensen and Meckling, 1976). 또한 경영자는 자신의 목적을 달성하는데 필요한 자금의 유연성(flexibility)을 확보하기 위해, 현금을 보유하려는 유인이 있다. 부채 등을 이용한 외부자금조달의 경우 자금 사용에 제약이 있는 반면, 기업이 보유한 현금은 이러한 제약조건 없이 경영자가 언제든지 사용할 수 있는 유연성이 있다. 그러므로 경영자의 재임기간이 단기인 경우, 상대적

3) 스톡옵션을 부여 받지 않았을 경우, 현금으로 받았을 보상이나 보너스를 의미한다.

으로 긴 투자계획기간이 요구되는 장기투자를 회피하고 단기투자를 위해 적정 수준 이상의 현금을 보유하려는 유인이 발생할 수 있다(Bebchuk and Stole, 1993; Bushee, 1998; Koh, 2007).

(2) 이사회 특성과 초과현금 보유

주주와 경영자 사이의 대리인문제로 인한 초과현금보유를 감소시키기 위해서는 주주의 이해를 대변하여 경영자를 감시할 수 있도록 이사회를 효과적으로 구성할 필요가 있다. 이사회는 주주를 대신하여 경영자의 경영활동을 감시하고 업적평가와 보상수준을 결정할 권한을 가진다.

Fama(1980)와 Fama and Jensen(1983)은 이사회가 경영자의 경영활동에 대하여 효과적인 감시를 수행하기 위해서는, 이사회의 구성이 중요한 요건이 된다고 하면서 내부이사와 달리, 사외이사는 전문가로서의 평판을 유지하기 위해 경영자를 감시할 유인이 있다고 주장한다. Weisbach(1988)도 경영자를 감시하고 평가하기 위해 사외이사가 중요한 역할을 담당할 수 있음을 주장하였다. 그러므로 이사회에서 사외이사의 역할 강화는 이사회의 독립성이 높아짐으로써(이상철 등 2013) 주주와 경영자 사이의 초과현금보유로 인한 대리인문제의 발생 가능성이 낮아질 수 있다.

한편 사외이사의 재임기간과 대리인 문제와 관련하여 상반된 선행연구 결과가 존재한다. 사외이사의 재임기간이 길어질수록 해당 기업의 경영실태와 내부통제구조에 대한 이해가 높아지고 감시경험과 전문성이 축적되기 때문에, 사외이사가 경영자를 보다 효과적으로 감시할 수 있다(Friedman and Krackhardt 1997)는 연구결과가 있는 반면에 사외이사의 재임기간이 길어지면, 사외이사가 경영자의 의견에 동조하는 경향이 짙어질 수 있고, 경계를 늦추고 관대해지는 경향이 발생할 수 있다(Bebchuk and Fried 2004)는 것이다.

또한 대리인 비용 감소와 관련한 이해일치가설(Jensen and Meckling 1976)에서처럼 사내이사의 주식소유비율이 높아지면 주주와 사내이사 사이의 이해관계가 일치되어, 경영자에 대한 감시유인이 높아질 수 있다. Desai and Dharmapala(2006)는 이사의 주식보유비율이 높은 경우 경영자의 사적소비나 경영자 부정과 같은 대리인문제가 감소된다고 주장한다. 또한 Moore(2006)도 이사의 주식보유비율이 높아질수록 이사회가 경영자를 보다 효과적으로 감시할 것이라고 주장한다.

또한 경영자 감시를 위한 사외이사의 전문성과 관련하여 전문성을 보편적으로 정의하기는 어렵지만, 특정한 의사결정과 관련해서는 사외이사의 전문성을 정의할 수 있다. 감사위원인 사외이사의 전문성은 회계 및 세무전문가로 정의할 수 있다. 전문성을 보유한 사외이사는 경영자를 효율적으로 감시할 수 있고, 전문적인 지식, 정보제공 및 경영컨설팅의 제공 등을 통해 경영자와 의견이 일치하지 않을 때 이를 조정할 수 있으므로(임혜경 등 2014; 전호진 2010) 대리인문제를 감소시킬 수 있다.

Chapter 03

연구방법

본 장에서는 2개의 실증연구(연구1, 2)에 대한 연구가설을 설정하고, 각 연구별 가설 검증모형 및 변수의 정의, 표본의 선정 및 분석방법 등 연구방법론을 살펴본다.

1. 연구가설의 설정

본 절에서는 경영자 특성과 초과현금 보유(연구 1), 이사회 특성과 초과현금 보유(연구 2)의 관계에 관한 연구가설을 제시한다.

(1) 연구 1의 가설 : 경영자 특성과 초과현금 보유

전통적인 대리인문제는 주주와 전문경영자 사이에서 발생하며, 전문경영자는 자신의 사적 이익을 추구하기 위해 초과현금을 보유할 가능성이 있다. Jensen(1986)은 주주보호나 기업지배구조가 나쁜 경우 잉여현금흐름(free cash flow)이 나타날 가능성이 높다고 주장한다. 또한 Jensen(1986)은 경영자가 잉여현금흐름을 자유롭게 통제할 수 있기 때문에, 경영자는 잉여현금흐름을 초과현금으로 축적하려는 유인을 갖는다고 주장한다. Ferreira and Vilela(2004)도 현금보유가 늘어나면 경영자가 자본운용과 투자결정에서 사적 이익을 편취할 수 있는 재량권이 증가하기 때문에, 현금보유를 증가시킬 유인을 가진다고 주장한다. Dittmar et al.(2003)은 투자자보호가 미흡한 국가에서 현금보유가 높아진다는 결과를 제시하였고, Pinkowiz et al.(2006)은 투자자보호가 취약한 국가일수록 현금보유와 기업가치 사이에 음의 관계가 있다는 결과를 제시하였다. Nikolov and Whited(2011)는 주주와 전문경영자 사이의 전형적인 대리인문제가 22%까지 현금보유비율을 끌어 올렸으며, 이는 6%의 주주가치 하락으로 이어진다는 연구결과를 제시하였다. 이러한 결과는 주주와 전문경영자 사이의 대리인문제가 기업의 현금보유수준을 결정하는 중요한 요인임을 지지하는 결과로 볼 수 있다.

그런데, 경영자가 주식을 보유하게 되면 주주와 경영자 사이의 이해관계가 일치(incentive alignment)되어, 주주와 경영자 사이의 대리인문제가 감소될 수 있다(Jensen and Meckling, 1976; Jensen, 1986). 주식을 보유한 경영자는 현금을 과다하게 보유하지 않고 적절한 투자처를 찾을 유인이 있으며(Wright et al., 2007), 적절한 투자처가 존재하지 않는 경우에는 주주에게 배당으로 환원할 가능성이 높아진다. 그러므로 소유경영자는 주주와 이해관계가 일치되어, 초과현금보유가 감소할 수 있다. 한국 기업을 대상으로 분석을 실시한 Kim(2007)의 연구에도 경영자지분율과 현금비율 사이에 음의 관계가 나타나, 경영자는 그들의 지분이 증가함에 따라 현금보유 비중을 줄이는 것으로 나타났다. 이러한 근거에 기초하여, 본 연구에서는 주주와 경영자 사이의 대리인문제 발생가능성이 높은 전문경영자인 경우, 초과현금보유가 높아질 것으로 예상한다.

가설 1. 전문경영자인 경우 초과현금보유가 높다.
(소유경영자인 경우 초과현금보유가 낮다)

주주는 자본시장에서 주식매매를 통해 주인으로서의 위치를 쉽게 변경할 수 있는 여지가 있다. 반면, 경영자는 보수위험 및 고용위험이 자신의 부와 연동되어 위험을 회피할 수 없기 때문에, 상대적으로 위험 회피적인(risk averse) 성향을 가진다(Amihud and Lev, 1981). 그러므로 경영자는 기업의 투자를 분산시키거나 위험이 낮은 투자안을 선택하려는 유인을 가질 수 있다. 또한 경영자는 인수위협과 같은 시장의 규율(discipline)로부터 자신을 보호하는 수단으로 활용하기 위해, 적정 수준 이상의 현금을 보유하려는 유인이 발생할 수 있다(Tong, 2010).

주주와 경영자 사이의 정보비대칭에 따른 대리인문제를 해소하기 위해, 경영자와 유인계약(incentive contract)을 체결할 수 있다. Jensen and Murphy(1990)는 주주와 경영자 사이의 이해관계 상충을 해소하는데, 현금보상보다 주식과 연계된 보상이 효과적이라 주장하였다. 경영자가 보상을 스톡옵션으로 받는 경우 주주와 경영자 사이의 이해관계가 일치됨과 동시에 주가 하락으로 인한 보상위험도 상대적으로 낮아지기 때문에, 경영자는 주주의 이익을 높이기 위해 보다 장기적이고 적극적인 의사결정을 수행할 수 있다(Hirshleifer and Suh, 1992; Core and Guay, 1999). 또한 스톡옵션의 가치는 주가 이외에 주가변동성과 연동되기 때문에, 스톡옵션을 부여 받은 경영자는 자신의 미래의 부를 높이기 위해 주가변동성을 증가시킬 수 있다. 그러므로 경영자에게 스톡옵션 보상이 주어지면 주주와 경영자 사이의 이해관계가 일치되고 대리인문제 발생가능성이 낮아질 수 있기 때문에, 주주가치를 훼손시킬 수 있는 기업의 초과현금보유를 줄일 수 있다.

Tong(2010)은 스톡옵션 보상을 받은 경영자는 적정 수준이상의 초과현금보유를 줄이려는 유인이 있을 수 있다고 주장한다. 경영자에게 부여된 스톡옵션 보상의 risk incentive가 증가할수록 경영자의 위험회피성향이 더 감소하므로, 경영자가 위험한 투자를 선택할 유인이 증가하기 때문이다(Haugen and Senbet, 1981; Hemmer et al., 1999). Agrawal and Mandelker (1987)는 실제 경영자가 보유하고 있는 스톡옵션의 크기가 증가할수록 미래 수익의 변동성과 부채비율이 증가함을 발견하였다. 그들은 스톡옵션을 경영자에게 지급함으로써 경영자가 위험이 보다 높은 투자안을 선택할 유인이 증가했기 때문이라 밝히고 있다. DeFusco et al.(1990)의 연구에서는 스톡옵션 부여 이후 주가수익률의 변동성이 스톡옵션 부여 이전보다 더욱 커짐을 발견하였다. 이는 스톡옵션이 가지고 있는 비대칭적 수익구조로 인해, 스톡옵션이 경영자에게 보다 위험이 높은 투자의사결정을 실행할 유인을 제공하기 때문이라고 주장한다. Lee et al. (2005)은 한국 기업을 대상으로 경영자의 스톡옵션 보상비중이 주가변동성에 유의적인 양의 영향을 미친다는 연구결과를 제시하였다. Lee et al. (2005)은 이러한 결과를 경영자가 스톡옵션 보상을 많이 받을수록 위험 회피적인 성향을 완화하고, 기업 위험을 변화시키는 적극적인 의사결정을 내리는 것으로 해석하였다. 이러한 근거에 기초하여, 본 연구에서는 경영자에게 스톡옵션이 부여된 경우, 초과현금보유가 낮아질 것으로 예상한다.

가설 2. 스톡옵션을 부여받은 경영자인 경우 초과현금보유가 낮다.

지배주주가 기업경영에 참여하여 기업에 대한 전적인 통제권을 확보하는 경우, 소액주주와 지배주주 사이의 대리인문제가 발생할 수 있다. 기업경영에 참여하는 지배주주들이 현금흐름권(cash-flow rights)을 초과하는 통제권(control rights)을 행사할 때, 지배주주들이 소액주주들의 부를 침해하면서 사적 이익을 추구할 유인이 발생할 수 있기 때문이다. 지배주주가 자신의 사적 이익을 추구하기 위해 많은 현금을 축적하여 자신의 통제권 하에 두는 경우, 적정 수준 이상의 현금을 보유하려는 유인을 발생시킬 수 있다.

지배주주가 자신의 사적 이익을 높이기 위해 소액주주의 부를 침해하는 의사결정을 내린다면, 지배주주의 통제를 받는 경영자는 지배주주의 의사에 반대하기 어렵다. 또한 소액주주들은 지배주주를 감시할 유인이 낮고 감시비용을 감당하기 어렵기 때문에, 지배주주를 효과적으로 감시하기 어렵다. Dittmar et al.(2003)과 Pinkowitz et al.(2006)는 소액주주와 지배주주 사이의 대리인 문제가 크고 소액주주에 대한 권리 보호가 낮은 국가의 경우, 기업들의 현금보유 비중이 높아진다는 연구결과를 보고하였다.

한국의 대규모기업집단은 수직적으로 피라미드 형태의 소유구조를 가지며, 수평적으로 계열기업 상호간에 복잡한 출자관계를 형성하고 있다는 특징이 있다. 그러므로 한국의 대규모기업집단은 소액주주와 지배주주 사이의 대리인문제가 심각할 수 있다. Chang and Hong(2000)과 Chang et al.(2006)은 한국의 대규모기업집단에서 소액주주와 지배주주 사이의 대리인문제가 상당히 나타나고 있으며, 이로 인해 기업집단의 계열기업보다 독립 기업의 주가나 수익성이 높다는 연구결과를 보고하였다. 공정거래위원회(2011)에서도 소유권과 지배권의 괴리로 인한 기업지배구조의 왜곡을 한국의 대규모기업집단의 중요한 문제점의 하나로 지적하고 있다. 그리고 Baek et al. (2004)은 한국기업을 대상으로 지배주주의 소유권과 지배권 사이의 괴리가 기업가치를 저해한다는 실증연구 결과를 제시하였다. 이러한 논의에 기초하여, 본 연구에서는 소액주주와 지배주주 사이의 대리인문제가 나타나는 대규모기업집단의 경우, 경영자의 초과현금보유가 높아질 것으로 예상한다.

가설 3. 대규모 기업집단 소속 경영자인 경우 초과현금보유가 높다.

경영자는 단기적 경영성과로 평가를 받고 그 평가결과에 따라 고용의 지속성과 보상이 결정되므로, 장기적인 관점에서 기업의 경쟁력을 향상시킬 수 있는 투자안보다 기업의 단기적 성과를 향상시킬 수 있는 투자안을 선호하는 단기적 안목(short-term horizon)을 가진다. 그러므로 경영자는 자신의 재임 기간 동안 성과를 향상시켜 높은 보상을 얻기 위해, 단기적인 편익을 얻을 수 있는 곳에 우선적으로 투자하는 경향이 있다(Berle and Means, 1932; Jensen and Meckling, 1976). 또한 경영자는 자신의 사적 이익 추구에 필요한 자금의 유연성(flexibility)을 확보하기 위해 많은 현금을 보유하려는 유인을 가진다. 그러므로 재임기간이 짧은 경영자는 장기투자를 회피하고 단기투자를 위해 적정 수준 이상의 현금을 보유하려는 유인이 발생할 수 있다(Bebchuk and Stole, 1993; Bushee, 1998; Koh, 2007).

경영자의 재임기간이 길어지면 구체적인 경험과 전문성 그리고 지식이 축적됨은 물론(Gupta, 1984; Friedman and Krackhardt, 1997), 업무에 대한 몰입도 높아질 수 있다(Salancik, 1977; O'Reilly and Caldwell, 1981). 또한 경영자의 재임기간이 길어지면, 경영자로서의 명성이 훼손되는 것을 회피하기 위해 전략을 효과적으로 실행하고 성과를 창출하는 데 공헌할 수 있다 (Beal and Yasai-Ardekani, 2000; Govindarajan, 1989; Gupta and Govindarajan, 1984; Thomas et al., 1991). 그러므로 경영자의 재임기간이 길어지면 단기투자보다 장기간에 걸쳐 효과가 나타나는 장기적인 관점의 투자에 관심을 가질 수 있기 때문에, 초과현금보유가 낮아질 가능성이 있다.

기업경영 관련 전문사이트인 CEO스코어가 2013년 기준으로 2001년 1월 이후 신규 선임됐다가 퇴임한 한국의 30대 그룹 상장사의 경영자 576명의 재임기간을 조사한 결과, 경영자 평균 재임기간은 2.6년으로 나타났다. 3년 임기를 채우지 못한 경영자가 전체의 63.7%인 367명으로 집계되었다. 반면 비영리 경제연구기관인 콘퍼런스보드의 조사에 따르면 포천 선정 500대 기업 경영자의 평균 재임기간은 2013년 기준 9.7년으로 나타나, 한국과 미국의 경영자 평균 재임기간이 크게 차이가 나고 있다.[4] 2017년 매일경제신문이 시가총액 30곳의 사업보고서를 분석한 결과, 경영자의 임기가 길어 중장기 투자를 해온 기업의 영업이익이 높고 주가수익률도 높다는 결과를 제시하였다. 이러한 결과의 원인으로 경영자들의 재임기간이 긴 회사의 경우 경영자들이 단기 실적에 치중하지 않고 장기적인 관점에서 설비투자나 연구개발(R&D)투자를 늘려왔기 때문이라고 분석하고 있다.[5] 이러한 논의에 기초하여, 본 연구에서는 한국기업에서 경영자의 재임기간이 길어지는 경우, 경영자의 초과현금보유가 낮아질 것으로 예상한다.

가설 4. 경영자의 재임기간이 길어지면 초과현금보유가 낮다.

(2) 연구 2의 가설 : 이사회 특성과 초과현금 보유

이사회가 경영자를 효과적으로 감시하고 통제하기 위해서는 무엇보다 경영자와 독립적인 입장에서 감시의 유인을 갖춘 사외이사의 역할이 중요하다. 경영자로부터 독립된 사외이사는 경영의사결정의 투명성을 높이고 경영자의 업무집행에 대한 감독기능을 강화함으로써, 기업이 보유한 자원을 효율적으로 배분하여 기업가치를 높일 수 있다. Fama and Jensen(1983)은 경영자를 감시하고 경영자의 의견에 반대의사를 표명하기 어려운 내부이사와 달리, 사외이사는 전문가로서의 평판을 유지하기 위해 경영자를 감시할 유인이 있다고 주장한다. 따라서 경영자로부터 독립된 사외이사는

---

4) 이심기. 2015. 세계 500대 기업 CEO, 평균 재임기간 9.7년. 한국경제신문 3월 9일자 기사.
5) 문일호, 고민서. 2017. 상장사 장수CEO의 힘 · · · 이익 늘고 주가도 껑충. 매일경제신문 7월 5일자 기사.

경영의사결정의 투명성을 높이고 경영자의 업무집행에 대한 감독기능을 강화할 수 있기 때문에, 기업이 보유한 자원을 효율적으로 배분하고 기업가치를 높이는데 공헌할 수 있다.

Klein(2000)과 Beasley and Salterio(2001)는 이사회 내에서 사외이사가 차지하는 비중이 증가할수록, 이사회가 지배주주와 경영자의 부당한 의사결정을 저지할 수 있는 힘이 증가되는 것으로 파악하였다. Ryan and Wiggins(2004)도 독립적인 이사가 주주의 이해에 맞도록 경영자 보상을 결정하는데 영향력을 행사한다는 연구결과를 제시하였다. 따라서 이사회 내에서 사외이사가 차지하는 비중이 높아진다는 것은 이사회가 주주의 이해를 대신하여 경영자를 감시할 유인이 증가한다는 것을 의미한다. Yermack (1996)은 사외이사비율이 높아지면 이사회의 독립성이 높아져서 효과적인 경영자 감시가 이루어지기 때문에, 기업가치가 제고된다고 주장한다. 또한 Core et al.(1999)도 사외이사비율과 기업가치 사이에 유의적인 양의 관계가 있음을 보고하였다.

이사회에서 사외이사가 차지하는 비중이 높아지면, 이사회가 경영자로부터 독립성이 높아지는 것으로 볼 수 있다. 따라서, 경영자에 대한 감시와 통제가 용이해질 수 있다(Hill and Snell 1988; Pearce and Zahra 1992). 그러므로 이사회의 사외이사 비중이 높아지면, 주주와 경영자 사이의 초과현금보유로 인한 대리인문제의 발생 가능성이 낮아질 수 있다. 김현아 등(2014)도 이사회의 사외이사비율이 높아지면 이사회가 독립적으로 경영자의 기회주의적 행동을 효과적으로 감시할 수 있기 때문에 기업의 적정 투자의 가능성이 높아질 수 있다고 주장한다.

한편, 사외이사와 기업가치 사이에 유의적인 관련성이 없다는 연구결과도 보고되고 있다(Bhagat and Black 2000; Hermalin and Weibach 1991; Klein 1998; Fields and Keys 2003). 또한, 사외이사가 기업가치에 부정적인 영향을 미친다는 연구결과도 보고된 바 있다(Agrawal and Knoeber, 2001). 국내 실증연구에서도 사외이사비율과 기업가치 사이에 유의적인 관련성이 나타나지 않은 결과가 보고된 바 있다(김창수 2006).

이러한 혼재된 결과의 원인은 사외이사의 감시가 의미가 없다고 해석되기보다, 이사회 사외이사비중과 기업가치 사이의 검증이 사외이사의 감시효과에 대한 검증과 사외이사 감시역할에 대한 측정치로서 이사회 사외이사비중의 적절성에 대한 이중검증(joint test)이기 때문에 나타난 결과로 볼 수 있다. 그러므로 본 연구에서는 이사회의 사외이사비율과 초과현금보유 사이의 관련성에 대해, 다음의 가설을 설정한다.

가설 1. 사외이사비율은 초과현금보유와 관계가 있다.

사외이사는 내부이사보다 정보에 대한 접근성이 낮다(Bhagat and Black 2002). 그러나 사외이사의 재임기간이 길어질수록 해당 기업의 경영실태와 내부통제구조에 대한 이해가 높아지고 감시경험과 전문성이 축적되기 때문에, 사외이사가 경영자를 보다 효과적으로 감시할 수 있다(Friedman and Krackhardt 1997). 또한 사외이사의 재임기간이 길어질수록 사외이사로서의 명성을 쌓을 수 있고, 이러한 명성을 훼손하지 않기 위해 사외이사가 경영자 감시를 위해 노력을 투입할 유인이 높아질 수 있다(Salancik 1977; O'Reilly and Caldwell 1981). 이러한 주장과 관련하여, Hermalin and Weisbach(1991)는 사외이사의 재임기간이 길어질수록 기업가치가 높아진다는 연구결과를 제시하였다. 따라서, 사외이사의 재임기간이 길어지면 경영자에 대한 감시유인이 높아지고 감시효과도 커지기 때문에, 대리인문제로 인한 기업의 초과현금보유가 낮아질 수 있다.

반면, 사외이사의 재임기간이 길어지면 경영자안주(entrenchment)효과가 나타날 가능성도 존재한다. 재임기간이 길어진 사외이사는 새로운 관점을 제시하기 어려울 수 있다. 또한 사외이사의 재임기간이 길어지면, 사외이사가 경영자의 의견에 동조하는 경향이 짙어질 수 있고, 경계를 늦추고 관대해지는 경향이 발생할 수 있다(Bebchuk and Fried 2004). Vafeas(2003)는 이사회 구성원의 재임기간이 길어지면 경영자에 대한 높은 보상을 승인하는 경향이 커진다는 연구결과를 제시하고, 이사회 구성원의 재임기간이 길어지면 경영자와의 유대관계가 발생하기 때문에 이러한 결과가 나타난다고 주장하였다.

본 연구에서는 장기간 재직한 사외이사 수를 이사회 특성으로 선정하고, 장기간

재직여부를 Sun et al.(2009)과 동일하게 10년 이상 재직하였는지 여부로 구분한다. Sun et al.(2009)은 사외이사가 10년 넘게 같은 회사에서 재직할 경우 경영진과 유착할 가능성이 높아지기 때문에, 사외이사가 본연의 역할을 제대로 수행하려면 장기재직이 바람직하지 않다고 판단하고 있다. 한국에서도 국민연금기금운용위원회는 2014년 2월 28일 의결권행사 지침을 개정하여, 국민연금이 투자한 기업의 사외이사 선임과 관련해 그 회사 및 계열사를 포함해 10년 이상 재직한 사외이사 후보에 반대한다는 지침을 마련하였다(정재형 2014). 이러한 제한은 동일한 기업에서 사외이사의 재임기간이 지나치게 길어지면, 회사와 유착관계가 형성되는 등 사외이사의 독립성이 저해될 우려가 있기 때문이다. 그러므로 사외이사가 연속으로 재임할 수 있는 기간에 제한을 둠으로써, 사외이사의 경영자에 대한 견제기능이 약화되는 부작용을 방지할 수 있다(엄수진 2015). 사외이사의 재임기간에 대한 혼재된 연구결과에 근거하여, 본 연구에서는 사외이사의 재임기간과 초과현금보유 사이의 관계에 대해 다음의 가설을 설정한다.

가설 2. 10년 이상 재임한 사외이사의 수는 초과현금보유와 관계가 있다.

Fama and Jensen (1983)은 사내이사들이 기업의 장기적인 투자의사결정과 관련하여 이사회에 가치 있는 정보를 제공해 줄 수 있다고 주장한다. 기업의 경영환경에 대한 정보가 많고 접근성이 높은 사내이사가 사외이사보다 투자와 관련한 의사결정에 대해 전문성이 높을 수 있다. 그런데, 사내이사는 사외이사보다 경영자로부터의 독립성이 낮을 수 있다.(Weisbach 1988).

그러나 사내이사의 주식소유비율이 높아지면 주주와 사내이사 사이의 이해관계가 일치되어, 경영자에 대한 감시유인이 높아질 수 있다. 따라서 사내이사의 주식소유비중이 높은 경우 경영자가 효율성이 높은 투자안을 선택할 수 있기 때문에, 장기적으로 기업가치가 높아질 수 있다(최정호 등 2013).

사외이사가 주식을 보유하는 경우 적극적으로 경영의사결정에 참여할 유인에 제공될 수 있다. Yermack(2004)은 주식을 보유하지 않은 사외이사는 기업내부 정보의

숙지에도 시간이 걸리지만, 주식을 보유하게 되면서 기업의 전략 및 성과에 많은 영향을 미칠 수 있다고 주장한다. 국내에서도 적극적으로 일하는 이사회를 만들기 위해서는 향후 주식보상 또는 스톡옵션 재도입을 적극 고려할 필요가 있다는 주장도 대두되고 있으며(장우정 2015), 사외이사들이 책임경영을 위해 자사 주식을 매입하는 경우도 늘고 있다.

이러한 측면을 고려한다면, 등기이사의 주식소유비중이 높아질수록 주주와의 이해관계 일치와 투자와 관련한 경영자 의사결정에 대한 감시유인이 증가될 수 있기 때문에, 등기이사의 주식소유비중과 기업의 초과현금보유 사이에 유의적인 음의 관계가 존재할 수 있다. Desai and Dharmapala(2006)와 Moore(2006)도 이사의 주식보유비율이 높아질수록 경영자의 사적소비나 경영자 부정과 같은 대리인문제가 감소되고 이사회가 경영자를 보다 효과적으로 감시할 것이라고 주장한다. 따라서 본 연구에서는 등기이사의 주식소유비중과 기업의 초과현금보유에 대해 다음의 가설을 설정한다.

가설 3. 등기이사의 주식보유비중이 높을수록 초과현금보유가 낮아진다.

사외이사의 전문성은 포괄적인 개념이기 때문에, 보편적인 조작적 정의가 매우 어렵다. 그러나 특정한 의사결정 유형과 관련하여, 사외이사의 전문성을 판단할 수 있다. 감사위원회에 소속된 사외이사의 전문성은 회계 또는 재무전문가[6]로 정의할 수 있다. 또한 대규모 자본지출 및 현금보유와 같은 재무의사결정에 한정하여, 사외이사의 전문성을 조작적으로 정의해 볼 수 있다.[7]

---

6) 자본시장법 제26조 제2항에서는 감사위원회 위원 중 1인은 대통령령에서 정하는 "회계 또는 재무 전문가"일 것으로 규정하고 있다. 또한 자본시장법 시행령 29조(감사위원회) 제2항에서는 "회계 또는 재무전문가"를 공인회계사로서 5년 이상, 회계 또는 재무 석사 이상 학위 소지자로서 연구기관 또는 대학에서 관련 분야 연구원 또는 조교수 이상으로서 5년 이상, 주권상장법인에서 회계 또는 재무관련 업무에 10년 이상, 그리고 국가, 한국은행, 각종 특별법 하의 금융기관 및 금융감독원의 검사를 받는 기관, 공공기관운용법 하의 공공기관 및 공인회계사법 하의 회계법인 등에서 회계, 재무관련 업무 또는 감독 업무에 5년 이상 경력으로 규정하고 있다

7) KB금융지주의 ING생명 인수안 부결은 기업의 투자의사결정에 있어 사외이사의 의견이 어떻게 반영되는지 보여준다. 또한 SK텔레콤의 경우 에이디칩스 인수건과 관련하여 이사회의 승

기업의 초과현금보유와 관련한 전문성을 회계사와 세무사 자격증 보유자, 금융기업 임직원과 같은 실무전문가, 학위보유자 그리고 대학의 경영 및 재무관련 교수 등으로 측정할 수 있다. 전문성을 보유한 사외이사는 사외이사로서 나쁜 기록(poor track)을 남기지 않고, 좋은 평판(reputation)을 유지할 유인을 가지고 있다(Milgrom and Roberts 1995, Gerety and Lehn 1997). 왜냐하면 사외이사로서의 명성을 유지하는 것이 향후 노동시장에서 좋은 기회를 얻을 가능성을 높여주기 때문이다(Kaplan and Reishus 1990). 따라서 전문성을 보유한 사외이사가 전문적인 감시인(expert monitor)으로서의 명성을 유지하기 위해, 경영자를 효과적으로 감시할 수 있다(Fama 1980; Fama and Jensen 1983).

한국기업을 대상으로 이화진과 문상혁(2005)은 사외이사의 전문성이 높을수록 경영성과가 더 높다는 연구결과를 제시하였다. 또한 서영미 등(2010)도 사외이사 중 회계전문가의 비율이 높을수록 기업성과와 경영자보상 사이의 양(+)의 관련성이 높아진다는 연구결과를 제시하였다. 이러한 연구결과는 사외이사의 전문성이 감시역할을 더욱 효과적으로 만들 수 있다는 사실을 보여준다. 그러므로 사외이사가 재무전문성을 갖추고 있다면, 기업의 초과현금보유로 인한 대리인문제의 발생가능성을 낮출 수 있다. 따라서 사외이사의 재무전문성과 초과현금보유와의 관계에 대해 다음의 가설을 설정한다.

가설 4-1. 사외이사가 회계사와 세무사 자격증 보유자 및 금융기업 임직원과 같은 실무전문가인 경우 초과현금보유가 낮아진다.

가설 4-2. 사외이사가 재무관련 박사학위 소지자인 경우 초과현금보유가 낮아진다.

가설 4-3. 사외이사가 재무관련 대학교수인 경우 초과현금보유가 낮아진다.

인을 예상하고 투자에 대한 공시를 완료하였으나, 업무와 무관한 투자라는 이유로 사외이사의 반대에 부딪쳐 인수가 무산되었다. 이는 기업의 투자안과 관련하여 사외이사가 실질적인 영향력을 행사한다는 것을 나타낸다(김현아 등 2014).

2. 연구모형 및 변수의 정의와 측정

본 연구에서 경영자와 이사회 특성이 기업의 초과현금 보유에 미치는 영향을 파악하기 위해, 세 단계로 구분하여 분석을 진행한다. 첫째, 2000년부터 2004년까지의 2,133개 기업-년 자료를 추정표본(estimation sample)로 이용하여, Opler et al.(1999)의 연구에서 제시한 현금보유결정모형의 모수를 추정한다. 둘째, 추정한 Opler et al.(1999)의 현금보유결정모형을 2005년부터 2014년까지 4,831개 기업-년 자료로 구성된 확인표본(holdout sample)에 적용하여, 예상되는 현금보유비율을 추정한다. 그리고 실제현금보유비율에서 추정현금보유비율을 차감한 값을 초과현금보유비율로 측정한다. 셋째, 2005년부터 2014년까지 4,831개(경영자 특성), 4,829개(이사회 특성)의 기업-년 자료를 이용하여, 각각 초과현금보유비율 사이의 관계를 분석한다.

(1) 모형1 : 현금보유결정모형 모수추정

본 연구에서는 2000년부터 2004년까지 표본 기업을 대상으로, 〈모형 1〉에 제시한 Opler et al.(1999)의 현금보유결정모형에 대해 모수를 추정한다(Dittmar and Mahrt-Smith 2007; Harford et al. 2008).

〈모형 1〉

$$CASH_{it} = \alpha + \beta_1 LEV_{it} + \beta_2 MTB_{it} + \beta_3 SIZE_{it} + \beta_4 NWC_{it} + \beta_5 CAPEX_{it} + \beta_6 ROA_{it} + \beta_7 INVCF_{it} + \beta_8 FINCF_{it} + \beta_9 DEF_{it} + \eta_i + \lambda_t + \varepsilon_{it}$$

여기에서,
CASH: 현금 및 현금성자산 / (자산 - 현금 및 현금성 자산)
LEV: 부채 / (부채 + 시가총액)
MTB: (부채 + 시가총액) / 자산
SIZE: Ln(자산)
NWC: (유동자산 - 유동부채) / 자산
CAPEX: (고정자산 - 직전년도 고정자산 + 감가상각비) / 자산

ROA: 이자 및 법인세 차감전 이익 / 자산
INVCF: 투자활동으로 인한 현금흐름 / 자산
FINCF: 재무활동으로 인한 현금흐름 / 자산
DEF: [이자 및 세후 영업현금흐름 - (현금배당 + 순투자액 + 순운전자본 변화)] /자산
η: 기업특성
λ: 시간특성
ε: 오차항

〈모형 1〉에서 종속변수는 현금보유비율(CASH)이다. 현금보유비율(CASH)은 자산에서 현금 및 현금성 자산을 차감한 값 대비 현금 및 현금성 자산이 차지하는 비율로 측정하였다(Opler et al. 1999; Dittmar et al. 2003; 공재식 2006). 이분산성(heteroskedasticity)을 통제하기 위해, 현금 및 현금성 자산을 비현금자산(총자산 - 현금 및 현금성 자산)으로 나누어 계산하였다(신민식과 김수은 2012). 종속변수인 현금보유비율(CASH)에 영향을 미치는 변수로 레버리지(LEV), 시가장부가비율(MTB), 기업규모(SIZE), 순운전자본(NWC), 자본지출(CAPEX), 총자산이익률(ROA), 투자활동으로 인한 현금흐름(INVCF), 재무활동으로 인한 현금흐름(FINCF) 및 재무적자(DEF)를 독립변수로 고려하였다.

레버리지(LEV)는 부채를 부채와 시가총액의 합으로 나누어 계산하였다(John 1993). John(1993)은 레버리지 비율이 높은 기업은 부채조달로 필요한 자본을 쉽게 조달할 수 있기 때문에, 현금보유를 증가시킬 유인이 낮다고 주장한다. 따라서 레버리지(LEV)는 현금보유비율(CASH)에 음(-)의 영향을 미칠 것으로 예상한다.

시가장부가비율(MTB)은 성장기회를 나타내며, 부채와 시가총액의 합을 자산으로 나눈 값으로 측정한다(Opler et al. 1999; Ferreira and Vilela 2004). Opler et al.(1999), Ferreira and Vilela(2004)는 성장기회가 높을수록 재무적 곤경으로 인한 성장기회 포기의 예상손실을 줄이기 위해 현금보유를 증가시킨다고 주장한다. 따라서 시가장부가비율(MTB)은 현금보유비율(CASH)에 양(+)의 영향을 미칠 것으로 예상한다.

기업규모(SIZE)는 총자산에 로그를 취한 값으로 측정하였다(Ferreira and Vilela 2004). Ferreira and Vilela(2004)는 기업규모가 작으면 자본조달비용이 높아지기

때문에, 현금보유를 증가시킨다고 설명한다. 따라서 기업규모(SIZE)는 현금보유비율(CASH)에 음(−)의 영향을 미칠 것으로 예상한다.

순운전자본(NWC)은 유동자산에서 유동부채를 차감한 값을 자산으로 나누어 측정하였다(Opler et al. 1999). 자본지출(CAPEX)은 고정자산에서 직전년도 고정자산을 차감하고 감가상각비를 더한 값을 자산으로 나누어 측정하였다(Opler et al. 1999). D'Mello et al.(2008)은 순운전자본이 기업의 현금보유와 대체관계에 있다고 설명한다. Keynes(1936)와 Oper et al.(1999)의 상충이론[8]에서는 순운전자본(NWC)과 자본지출(CAPEX)이 높아질수록 현금보유가 감소한다고 주장한다. 따라서 순운전자본(NWC)과 자본지출(CAPEX)은 현금보유비율(CASH)에 음(−)의 영향을 미칠 것으로 예상한다.

기업의 수익성을 나타내는 총자산이익률(ROA)은 이자 및 법인세 차감전 이익(EBIT)을 자산으로 나누어 측정하였다(Kim et al. 1998). Kim et al.(1998)은 높은 수익성은 많은 현금흐름 창출로 이어지기 때문에, 현금보유가 증가한다고 주장한다. Oper et al.(1999)도 수익성과 현금보유가 양의 관계에 있다고 설명한다. 따라서 총자산이익률(ROA)은 현금보유비율(CASH)에 양(+)의 영향을 미칠 것으로 예상한다.

투자활동으로 인한 현금흐름(INVCF)은 현금흐름표의 투자활동으로 인한 현금흐름을 자산으로 나누어 측정하였고, 재무활동으로 인한 현금흐름(FINCF)은 현금흐름표의 재무활동으로 인한 현금흐름을 자산으로 나누어 계산하였다(Lee and Powell 2011).

Lee and Powell(2011)은 투자활동으로 인한 현금흐름과 재무활동으로 인한 현금흐름이 늘어날수록 현금보유가 증가한다고 주장한다. 따라서 투자활동으로 인한 현금흐름(INVCF)과 재무활동으로 인한 현금흐름(FINCF)은 현금보유비율(CASH)에 양(+)의 영향을 미칠 것으로 예상한다.

---

8) Keynes(1936) 및 Oper et al.(1999)의 상충이론은 현금보유로 인한 편익과 비용 사이의 상충 관계에 초점을 두고 있다. 상충이론에서는 현금보유로 인한 한계편익과 한계비용이 같아지는 수준에서 기업의 현금보유량이 결정된다고 본다.

재무적자(DEF)는 [이자 및 세후 영업현금흐름 – (현금배당 +순투자액 + 순운전자본 변화)]으로 계산한 재무적자를 자산으로 나누어 측정하였다(Frank and Goyal 2003; Byoun 2008). Jani et al.(2008)은 재무적자가 증가할수록 현금보유가 감소한다고 주장한다. 따라서 재무적자(DEF)는 현금보유비율(CASH)에 음(–)의 영향을 미칠 것으로 예상한다.

(2) 모형2 : 초과현금보유비율 측정

〈모형 1〉을 2000년부터 2004년까지의 2,133개 기업–년 자료로 구성된 추정표본(estimation sample)으로 추정한다. 그리고 〈모형 1〉에 대한 추정식을 2005년부터 2014년까지 4,831개 기업–년 자료로 구성된 확인표본(holdout sample)에 적용하여, 예측현금보유비율을 계산한다. 그리고 〈모형 2〉에 제시한 바와 같이, 실제현금보유비율에서 추정현금보유비율을 차감한 값을 초과현금보유비율로 측정한다.

〈모형 2〉

$$ECASH_{it} = CASH_{it} - [\widehat{\beta}_1 LEV_{it} + \widehat{\beta}_2 MTB_{it} + \widehat{\beta}_3 SIZE_{it} + \widehat{\beta}_4 NWC_{it} + \widehat{\beta}_5 CAPEX_{it} + \widehat{\beta}_6 ROA_{it} + \widehat{\beta}_7 INVCF_{it} + \widehat{\beta}_8 FINCF_{it} + \widehat{\beta}_9 DEF_{it}]$$

여기에서,
ECASH: 초과현금비율, 실제현금보유비율 – 추정현금보유비율
CASH: 현금 및 현금성자산 / (자산 – 현금 및 현금성 자산)
LEV: 부채 / (부채 + 시가총액)
MTB: (부채 + 시가총액) / 자산
SIZE: Ln(자산)
NWC: (유동자산 – 유동부채) / 자산
CAPEX: (고정자산 – 직전년도 고정자산 + 감가상각비) / 자산
ROA: 이자 및 법인세 차감전 이익 / 자산
INVCF: 투자활동으로 인한 현금흐름 / 자산
FINCF: 재무활동으로 인한 현금흐름 / 자산
DEF: [이자 및 세후 영업현금흐름 – (현금배당 +순투자액 + 순운전자본 변화)] /자산

(3) 모형3 (연구1) : 경영자 특성과 초과현금 보유

소유경영자여부, 경영자 스톡옵션 부여 여부, 대규모 기업집단 소속의 경영자 여부

및 경영자 재임기간과 같은 경영자 특성이 기업의 초과현금보유에 미치는 영향을 검증하기 위해, 〈모형 3〉과 같은 연구모형을 설정하였다.

〈모형 3〉

$$ECASH_{it} = \alpha + \beta_1 OM_{it} + \beta_2 ESO_{it} + \beta_3 CB_{it} + \beta_4 TN_{it} + \beta_5 TN^2_{it} + \beta_6 R\&D_{it} + \beta_7 DIV_{it} + \beta_8 VCF_{it} + +\eta_i + \lambda_t + \varepsilon_{it}$$

여기에서,

ECASH: 초과현금비율, 실제현금보유비율 - 추정현금보유비율

OM: 소유경영자여부, 해당기업의 최고경영자가 설립자 또는 그 친인척이거나, 경영자 지분율이 5%이상인 경우 소유경영자로 구분하여 1의 값을 두고, 그렇지 않은 경우 0의 값을 부여하여 비소유경영자로 구분

ESO: 경영자 스톡옵션 부여여부, 최고경영자가 스톡옵션을 보유한 경우에는 1의 값을 부여하고, 그렇지 않은 경우에는 0의 값을 부여하여 구분

CB: 대규모 기업집단 소속의 경영자 여부, 공정거래위원회가 자산총액을 기준으로 지정한 상위 30대 대규모 기업집단 계열사의 경영자이면 1의 값을 부여하고, 그렇지 않으면 0의 값을 부여하여 구분

TN: 경영자 재임기간, 최고경영자가 취임한 이후 측정 시점까지 재임한 기간

R&D: 연구개발비, 연구개발비지출액을 매출액으로 나눈 값

DIV: 현금배당, 현금배당액을 당기순이익으로 나눈 값

VCF: 현금흐름변동성, 과거 5개년 현금흐름의 표준편차를 해당연도 현금으로 나눈 값

η: 기업특성

λ: 시간특성

ε: 오차항

〈모형 3〉에서 종속변수는 초과현금보유비율(ECASH)이다. 초과현금보유비율(ECASH)은 2005년부터 2014년까지 개별 기업의 실제현금보유비율에서 〈모형 1〉을 추정하여 계산한 추정현금보유비율을 차감한 값으로 측정하였다. 종속변수인 초과현금보유비율(ECASH)에 영향을 미치는 독립변수인 경영자 특성으로 소유경영자여부(OM), 경영자 스톡옵션 부여 여부(ESO), 대규모 기업집단 소속의 경영자 여부(CB) 및 경영자 재임기간(TN)을 선정하였다. 그리고 독립변수이외에 종속변수인 초과현금보유비율(ECASH)에 영향을 미치는 연구개발비(R&D), 현금배당(DIV) 및 현금흐름변동성(VCF)을 통제변수로 〈모형 3〉에 고려하였다.

독립변수인 경영자 특성을 측정하기 위해, 먼저 KisLine의 기업 내 직급순위가 가장 높은 사람을 최고경영자로 정의하였다. 왜냐하면, 최고경영자의 직명은 대표이

사 회장, 대표이사 부회장, 대표이사 사장, 대표이사, 사장 또는 회장 등으로 다양하지만, KisLine에서는 등기임원 뿐 아니라 대표이사가 2인 이상인 공동대표의 경우에도 기업 내 직급순위를 부여하고 있기 때문이다(이상철 2014).

신현한과 장진호(2003) 그리고 이경태 등(2005)의 선행연구에 기초하여, 소유경영자와 비소유경영자를 구분하였다. 소유경영자여부(OM)는 해당기업의 최고경영자가 설립자 또는 그 친인척이거나, 경영자 지분율이 5%이상인 경우 소유경영자로 구분하여 1의 값을 두고, 그렇지 않은 경우 0의 값을 부여하여 비소유경영자로 구분하였다(이상철 2014). 경영자 스톡옵션 부여 여부(ESO)는 최고경영자가 스톡옵션을 보유한 경우에는 1의 값을 부여하고, 그렇지 않은 경우에는 0의 값을 부여하여 구분하였다(이상철 등 2010). 대규모 기업집단 소속의 경영자 여부(CB)는 공정거래위원회가 자산총액을 기준으로 지정한 상위 30대 대규모 기업집단 계열사의 경영자이면 1의 값을 부여하고, 그렇지 않으면 0의 값을 부여하여 구분하였다(박재완 등 2010). 경영자 재임기간(TN)은 최고경영자가 취임한 이후 측정 시점까지 재임한 기간으로 정의하였다(이상철 2014). 〈모형 3〉에서 경영자 재임기간이 늘어날 때 초과현금보유비율의 변화를 살펴보기 위해, 경영자 재임기간(TN)과 경영자 재임기간의 제곱항(TN^2)을 동시에 독립변수로 고려하였다.

독립변수 이외에 종속변수인 초과현금비율에 미치는 영향을 통제하기 위해 〈모형 3〉에 연구개발비(R&D), 현금배당(DIV) 및 현금흐름변동성(VCF)을 통제변수로 고려하였다. 연구개발비(R&D)는 연구개발비지출액을 매출액으로 나눈 값으로 측정하였다. 상충이론에서는 연구개발비와 현금보유 사이에 양의 관계가 있다고 설명하는 반면, 자금조달순위이론(Pecking Order Theory)에서는 연구개발비와 현금보유 사이에 음의 관계가 있다고 설명한다. 현금배당(DIV)은 현금배당액을 당기순이익으로 나눈 값으로 측정한다. 상충이론과 순위이론 관점 모두 배당과 현금보유 사이에 음의 관계가 있다고 설명한다. 현금흐름변동성(VCF)은 과거 5개년 현금흐름의 표준편차를 해당연도 현금으로 나눈 값으로 측정하였다. 현금흐름변동성(VCF)은 현금보유와 양의 관계가 있을 것으로 예상한다.

(4) 모형4 (연구2) : 이사회 특성과 초과현금 보유

이사회 독립성을 나타내는 사외이사비율 및 임기가 10년을 넘은 장기재임 사외이사, 이사회 감시유인을 나타내는 등기이사 주식보유 그리고 사외이사 전문성과 같은 이사회 특성이 초과현금보유에 미치는 효과를 검증하기 위해, 〈모형 4〉과 같은 연구모형을 설정하였다.

〈모형 4〉

$$ECASH_{it} = \alpha + \beta_1 ODR_{it} + \beta_2 ODT_{it} + \beta_3 BDS_{it} + \beta_4 ODE_{it} + \beta_5 ODD_{it} + \beta_6 ODF_{it} + \beta_7 R\&D_{it} + \beta_8 DIV_{it} + \beta_9 VCF_{it} + \eta_i + \lambda_t + \varepsilon_{it}$$

여기에서,
ECASH: 초과현금비율, 실제현금보유비율 - 추정현금보유비율
ODR: 사외이사비율, 사외이사수 / 등기임원수
ODT: 임기가 10년을 넘은 장기재임 사외이사수
BDS: 등기이사의 주식보유비율, 등기이사의 보유주식수 / 총발행주식수
ODE: 사외이사의 재무전문성으로 회계사, 세무사 등 자격보유, 세무관련 및 금융감독원 등 근무경력자, 금융기관에서 임원이상의 경력자, 경영 및 회계 전공 교수재임 경력자, 경영학 박사학위 보유자 중에서 한 개 이상 해당하는 경력자수
ODD: 경영학 박사학위 보유 사외이사수
ODF: 경영학교수 사외이사수
R&D: 연구개발비, 연구개발비지출액을 매출액으로 나눈 값
DIV: 현금배당, 현금배당액을 당기순이익으로 나눈 값
VCF: 현금흐름변동성, 과거 5개년 현금흐름의 표준편차를 해당연도 현금으로 나눈 값
η: 기업특성
λ: 시간특성
ε: 오차항

〈모형 4〉에서 종속변수는 초과현금보유비율(ECASH)이다. 초과현금보유비율(ECASH)은 2005년부터 2014년까지 개별 기업의 실제현금보유비율에서 〈모형 1〉을 추정하여 계산한 추정현금보유비율을 차감한 값으로 측정하였다. 종속변수인 초과현금보유비율(ECASH)에 영향을 미치는 독립변수인 이사회 특성으로 사외이사비율(ODR), 임기가 10년을 넘은 장기재임 사외이사수(ODT), 이사회 등기이사의 주식보유비율(BDS) 및 사외이사의 재무전문성(ODE)을 선정하였다. 또한 사외이사의 재무전문성을 경영학전공 박사학위 보유자의 수(ODD)와 경영학전공 교수의 수(ODF)로

세분하였다. 그리고 독립변수이외에 종속변수인 초과현금보유비율(ECASH)에 영향을 미치는 연구개발비(R&D), 현금배당(DIV) 및 현금흐름변동성(VCF)을 〈모형 4〉에 통제변수로 고려하였다.

사외이사비율(ODR)은 이사회에서 사외이사가 차지하는 비중으로, 사외이사의 수를 총 등기이사수로 나누어 측정하였다(Beasley and Salterio 2001; Klein 2002). 사외이사비율이 높아질수록 이사회가 독립적인 입장에서 경영자의 기회주의적 행동을 효과적으로 감시하여, 기업가치가 높아질 수 있다(Yermack 1996; Core et al. 1999). 따라서 사외이사비율이 높을수록 기업의 적정 투자의 가능성도 높아질 수 있다(김현아 등 2014). Bhojraj and Sengupta(2003)도 이사회의 독립성을 사외이사비율로 측정하여, 사외이사비율이 높을수록 신용평가등급이 높고 이자율이 낮아진다는 연구결과를 보고하였다.

장기재임 사외이사수(ODT)는 10년 이상 사외이사로 재직한 사외이사의 수로 측정하였다. Sun et al. (2009)은 사외이사의 장기간 재직을 10년 이상 재직하였는지 여부로 구분하였다. 사외이사의 재임기간과 기업가치 사이의 관계를 조사한 Haung(2013)의 실증연구에서는 사외이사 재임기간이 9년일 때 기업가치가 가장 높게 나타났다. 이러한 결과를 사외이사의 재임기간이 짧을 때에는 학습으로 인한 한계가치가 참호구축의 한계비용보다 더 큰 반면, 사외이사의 재임기간이 길어지면서 참호구축의 한계비용이 학습으로 인한 한계가치를 초과하기 때문이라고 설명하였다.[9)]

Desai and Dharmapala(2006)는 등기이사의 지분소유로 대리인비용과 관련된 경영자의 사적 소비와 경영자 부정이 감소된다고 주장한다. 또한 Moore(2006)는 등기이사들이 주식을 많이 소유할수록, 이사회가 경영자를 보다 더 효과적으로 감시할 수 있다고 주장한다. 본 연구에서는 등기이사의 주식보유비율을 등기이사의 전체 보유주식수를 총발행주식수로 나누어 측정하였다(김확열과 최미화 2010).

---

9) 대부분의 국가에서 사외이사가 독립성을 유지할 수 있는 최대 재임기간을 9년에서 12년 사이로 권고하고 있다. 유럽의 경우 최대 12년이며, 영국, 홍콩 및 싱가폴은 최대 9년이다.

이사회가 경영자에 대한 효과적인 감시기능을 수행하기 위해서는 사외이사가 독립성뿐만 아니라 전문적 지식과 경험을 갖출 필요가 있다. 그런데 국내 · 외 연구에서는 사외이사의 전문성에 대한 정의가 명확하지 않다. 따라서 본 연구에서는 증권거래법과 증권거래법시행령에서 규정하고 있는 감사위원의 재무전문성 요건을 준용하여, 사외이사 재무전문성을 측정하였다.[10] 그러므로 사외이사의 재무전문성(ODE)을 회계사, 세무사 등 자격보유, 세무관련 및 금융감독원 등 근무경력자, 금융기관에서 임원이상의 경력자, 경영 및 회계 전공 교수재임 경력자, 최종학력이 경영 및 회계 전공 박사학위자수 중에서 한 개 이상 해당하는 사외이사의 수로 측정하였다. 또한 사외이사의 재무전문성을 경영학 박사학위를 보유한 사외이사의 수(ODD)와 경영학 교수인 사외이사의 수(ODF)로 세분하였다.[11]

독립변수 이외에 종속변수인 초과현금비율에 미치는 영향을 통제하기 위해 〈모형 4〉에 연구개발비(R&D), 현금배당(DIV) 및 현금흐름변동성(VCF)을 통제변수로 고려하였다. 연구개발비(R&D)는 연구개발비지출액을 매출액으로 나눈 값으로 측정하였다. 상충이론에서는 연구개발비와 현금보유 사이에 양의 관계가 있다고 설명하는 반면, 자금조달순위이론(Pecking Order Theory)에서는 연구개발비와 현금보유 사이에 음의 관계가 있다고 설명한다. 현금배당(DIV)은 현금배당액을 당기순이익으로 나눈 값으로 측정한다. 상충이론과 순위이론 관점 모두 배당과 현금보유 사이에 음의 관계가 있다고 설명한다. 현금흐름변동성(VCF)은 과거 5개년 현금흐름의 표준편차를 해당연도 현금으로 나눈 값으로 측정하였다. 현금흐름변동성(VCF)은 현금보유와 양의 관계가 있을 것으로 예상한다.

---

10) 2003년 12월 31일 개정된 증권거래법과 2004년 4월 1일 개정된 증권 거래법시행령에서는 감사위원 중 1인 이상을 공인회계사, 재무 또는 회계 관련분야의 연구원 또는 교수, 재무 또는 회계 관련 업무의 임 · 직원으로 근무한 경력이 있는 자, 또는 정부 · 지방자치단체 · 정부투자기관 금융감독원 또는 증권관계기관에서 재무 또는 회계 관련 업무 또는 이에 대한 감독업무에 근무한 경력이 있는 자로 둘 것을 규정하고 있다.

11) 교수 경력자의 경우 대부분 박사학위 보유자이다. 따라서 경영학교수인 사외이사의 수와 박사학위를 보유한 사외이사의 수를 분리하여 중복 측정을 피했다.

3. 표본선정 및 분석방법

(1) 표본의 선정 및 자료의 수집

본 연구는 2000년부터 2014년까지 한국거래소 유가증권시장에 상장된 비금융기업을 표본으로 선정하였다. 은행, 증권, 보험 등 금융업에 속하는 기업은 자본구조, 영업방법, 정부의 규제감독 등에서 일반 제조업과 차이가 있으며 재무자료의 특성도 다르다. 따라서 비교가능성을 높이기 위해, 금융업에 속하는 기업을 표본에서 제외하였다(신민식과 김수은 2012).

금융감독원의 전자공시시스템(Data Analysis, Retrieval and Transfer System: DART)에 공시된 사업보고서에서 검증에 필요한 자료를 구하기 어려운 기업을 제외하였다(이상철 2014). 연구결과의 타당성을 높이기 위해, 현금 및 현금성자산 자료가 누락된 기업, 자산 총계가 10억원 미만인 기업, 시가총액이 누락된 기업, 그리고 영업이익이 적자인 기업을 표본에서 제외하였다. 이러한 과정을 거쳐, 본 연구에서는 6,964개 기업-년 자료를 최종 분석대상으로 선정하였다.

금융감독원의 전자공시시스템에서 해당 기업의 사업보고서를 검토하여 경영자 특성 자료를 수집하였다. 재무제표 자료는 한국상장회사협의회, 한국신용평가(주)와 에프앤가이드의 데이터베이스를 이용하여 수집하였다. 또한 2000년부터 2014년까지의 표본을 추정표본(estimation sample)과 확인표본(holdout sample)으로 구분하였다. 표본 가운데 2000년부터 2004년까지의 2,133개 기업-년 자료를 추정표본로 이용하여, Opler et al.(1999)의 현금보유모형을 추정하였다.

〈모형3〉의 검증을 위해 2005년부터 2014년까지 4,831개, 〈모형4〉의 검증을 위해 2005년부터 2014년까지 4,829[12)]개 기업-년 자료를 확인표본(holdout sample)으로 이용하여 초과현금보유를 계산한 후, 각각 경영자 및 이사회 특성과 초과현금보유와의 관계를 분석하였다.

---

12) 2005년부터 2014년까지 경영자 특성 수집 표본은 4,831개 였으나 이사회 특성은 해당 데이터의 존재여부 차이로 2개 적은 4,829개를 표본으로 함.

〈표 1〉에는 〈모형3〉의 표본기업의 연도 및 산업별 분포를 제시하였다. 〈표 1〉에서 살펴보는 바와 같이, 각 연도별 표본 기업의 수는 2000년 430개, 2001년 431개, 2002년 441개, 2003년 461개, 2004년 370개, 2005년 411개, 2006년 429개, 2007년 428개, 2008년 458개, 2009년 482개, 2010년 484개, 2011년 522개, 2012년 528개, 2013년 546개 그리고 2014년 543개 기업-년으로 나타났다. 또한 표본기업들은 통계청에서 제시하는 한국표준산업분류 기준에 따라 모두 15개 산업으로 분류되었다. 그 중에서 제조업에 속한 표본이 4,566개 기업-년으로, 전체 표본의 65.57%를 차지하였다. 이어 전문, 과학 및 기술 서비스업에 속한 표본이 704개 기업-년으로 9.78%, 도매 및 소매업에 속한 표본이 532개 기업-년으로 7.38%, 건설업에 속한 표본이 408개 기업-년으로 5.83%를 차지하는 것으로 나타났다.

한편 〈표2〉는 〈모형4〉의 표본기업의 연도 및 산업별 분포를 제시한 것이다.

(2) 분석방법

선택된 최종 표본을 토대로 STATA 통계패키지를 이용하여 패널회귀분석을 실시하였다.

본 연구에서는 패널 회귀분석을 실행할 때 시간특성효과를 고려하기 위하여 1계 자기상관 여부를 검정하는 울드리지 검정(Wooldridge test)을 활용하였고, 기업특성효과의 경우 개별 기업의 특성이 현금보유비율에 미치는 영향을 통제하기 위해, 본 연구에서는 고정효과모형과 확률효과모형을 이용하여 모수를 추정하였다. 고정효과모형과 확률효과모형을 이용한 모수추정이 통계적으로 유의적인지 검증하기 위해 라그랑지 승수 검정(Lagrange multiplier test)을 실시하였으며, 추정모형 선택을 위해 하우스만 검정(Hausman test)을 실시하였다.

▍표 1▍ 표본(모형3)의 연도 및 산업별 분포

산업	연도															
	2000	2001	2002	2003	2004	2005	2006	2007	2008	2009	2010	2011	2012	2013	2014	합
건설업	24	24	25	26	24	26	27	26	28	29	30	29	29	29	30	406
광업	1	1	1	1	1	1	1	1	1	1	1	1	1	1	1	15
교육 서비스업	–	–	–	–	–	1	1	1	2	2	2	2	2	2	2	17
농업, 임업 및 어업	5	5	5	5	4	3	3	3	4	3	5	4	4	4	4	61
도매 및 소매업	31	31	32	36	25	32	31	34	33	33	35	40	40	40	41	514
부동산업 및 임대업	1	1	1	1	1	1	–	–	1	–	–	–	–	2	1	10
사업시설관리 및 사업지원 서비스업	2	2	2	2	1	1	1	3	1	3	3	2	4	3	4	34
숙박 및 음식점업	–	–	–	–	–	–	–	–	–	–	–	1	1	1	1	4
예술, 스포츠 및 여가관련 서비스업	1	1	1	1	1	1	2	3	2	2	2	4	4	4	3	32
운수업	14	14	14	14	12	11	14	13	18	17	18	19	20	20	20	238
전기, 가스, 증기 및 수도사업	8	8	8	8	7	7	8	9	9	9	9	11	10	11	10	132
전문, 과학 및 기술 서비스업	40	41	42	43	38	43	43	43	44	49	46	50	53	52	54	681
제조업	294	293	299	312	242	269	284	275	299	315	315	336	337	351	345	4,566
출판, 영상, 방송통신 및 정보서비스업	9	10	10	11	13	14	13	16	15	18	17	22	22	25	26	241
협회 및 단체, 수리 및 기타 개인 서비스업	–	–	1	1	1	1	1	1	1	1	1	1	1	1	1	13
계	430	431	441	461	370	411	429	428	458	482	484	522	528	546	543	6,964

| 표 2 | 표본(모형4)의 연도 및 산업별 분포

산업	연도															
	2000	2001	2002	2003	2004	2005	2006	2007	2008	2009	2010	2011	2012	2013	2014	합
건설업	24	24	25	26	24	26	27	26	28	29	30	29	29	29	30	406
광업	1	1	1	1					1	1					1	15
교육 서비스업	–	–	–		–	1	1	1	2	2					2	17
농업, 임업 및 어업	5	5	5	5	4	3	3	3	4	3		4	4	4	4	61
도매 및 소매업	31	31	32	36	25	32	31	34	33	33	35	40	40	40	41	514
부동산업 및 임대업	1	1	1	1			–	–	1	–	–	–	–	2	1	10
사업시설관리 및 사업지원 서비스업	2	2	2	2	1	1	1	3	1	3	3	2	4	3	4	34
숙박 및 음식점업	–	–	–		–	–	–				–	1	1	1	1	4
예술, 스포츠 및 여가관련 서비스업	1	1	1	1			2	3	2	2	2	4	4	4	3	32
운수업	14	14	14	14	12	11	14	13	18	16	18	19	20	20	20	237
전기, 가스, 증기 및 수도사업	8	8	8	8	7	7	8	9				11	10	11	10	132
전문, 과학 및 기술 서비스업	40	41	42	43	38	43	43	43	44	49	46	50	53	52	54	681
제조업	294	293	299	312	242	269	284	275	299	314	315	336	337	351	345	4,565
출판, 영상, 방송통신 및 정보서비스업	9	10	10	11	13	14	13	16	15	18	17	22	22	25	26	241
협회 및 단체, 수리 및 기타 개인 서비스업	–	–	1	1					1	1					1	13
계	430	431	441	461	370	411	429	428	458	480	484	522	528	546	543	6,962

Chapter 04

연구결과 및 해석

본 장에서는 2개의 실증연구(연구 1, 2)에 대한 연구가설을 검증하고, 각 연구별 분석결과에 대한 해석을 살펴본다.

우선 각 연구의 가설검증에 앞서 연구1과 2에 공통으로 적용되는 현금보유결정모형 추정표본(estimation sample)의 기술통계량과 상관관계 분석을 하고 현금보유결정모형의 모수를 추정한 후 연구1과 2의 확인표보본(holdout sample)의 기술통계량과 상관관계 분석과 각 연구의 가설검증과 분석결과를 제시한다.

1. 현금보유결정모형 추정표본(estimation sample)의 기술통계량과 상관관계

2000년부터 2004년까지의 2,133개 기업-년 표본을 대상으로 Opler et al.(1999)의 연구에서 제시한 현금보유결정모형의 모수를 추정하기 위해 사용한 변수들에 대한 기술통계량을 〈표 3〉에 제시하고, 피어슨 상관계수를 〈표 4〉에 제시하였다.

(1) 기술통계량

〈표 3〉에서 살펴보는 바와 같이, 현금보유비율(CASH)의 평균값은 0.052, 중앙값은 0.031로 나타났다. 레버리지(LEV)의 평균값은 0.645이며, 중앙값은 0.686이다. 시가장부가비율(MTB)의 평균값은 0.825로 나타났으며, 중앙값은 0.755로 파악되었다. 기업규모(SIZE)의 평균값은 8.407이며 중앙값은 8.305이다. 순운전자본

(NWC)의 평균값은 0.099이며, 중앙값은 0.088로 나타났다. 자본지출(CAPEX)의 평균값은 0.004이며, 중앙값은 0.005로 파악되었다. 총자산이익률(ROA)의 평균값은 0.058이며, 중앙값은 0.057이다. 투자활동으로 인한 현금흐름(INVCF)의 평균값은 -0.032이며, 중앙값은 -0.030이다. 재무활동으로 인한 현금흐름(FINCF)의 평균값은 -0.027이며, 중앙값은 -0.024로 나타났다. 재무적자(DEF)의 평균값은 -0.032이며, 중앙값은 -0.029로 파악되었다.

표 3 현금보유결정모형 추정을 위한 변수들의 기술통계량: 추정표본

변수	평균값	중앙값	표준편차	최소값	최대값
CASH	0.052	0.031	0.065	0.000	0.356
LEV	0.645	0.686	0.224	0.014	0.998
MTB	0.825	0.755	0.335	0.315	2.373
SIZE	8.407	8.305	0.627	6.604	10.810
NWC	0.099	0.088	0.211	−0.458	0.604
CAPEX	0.004	0.005	0.117	−0.452	0.395
ROA	0.058	0.057	0.069	−0.231	0.244
INVCF	−0.032	−0.030	0.095	−0.336	0.336
FINCF	−0.027	−0.024	0.094	−0.361	0.297
DEF	−0.032	−0.029	0.056	−0.293	0.168

CASH: 현금 및 현금성자산 / (자산 - 현금 및 현금성 자산) ; LEV: 부채 / (부채 + 시가총액) ; MTB: (부채 + 시가총액) / 자산 ; SIZE: Ln(자산), NWC: (유동자산 - 유동부채) / 자산 ; CAPEX: (고정자산 - 직전년도 고정자산 + 감가상각비) / 자산 ; ROA: 이자 및 법인세 차감전 이익 / 자산 ; INVCF: 투자활동으로 인한 현금흐름 / 자산 ; FINCF: 재무활동으로 인한 현금흐름 / 자산 ; DEF: [이자 및 세후 영업현금흐름 - (현금배당 +순투자액 + 순운전자본 변화)] / 자산

(2) 상관관계분석

〈표 4〉에서 살펴보는 바와 같이, 시가장부가비율(MTB), 순운전자본(NWC), 총자산이익률(ROA) 및 투자활동으로 인한 현금흐름(INVCF)은 현금보유비율(CASH)과 유의적인 양의 상관관계를 갖는 것으로 나타났다. 반면, 레버리지(LEV), 기업규모(SIZE), 자본지출(CAPEX)및 재무적자(DEF)는 현금보유비율(CASH)과 유의적인

음의 상관관계를 갖는 것으로 나타났다. 현금보유결정 모형에서 종속변수인 현금보유비율(CASH)에 영향을 미치는 독립변수들 사이의 상관계수는 0.6을 초과하지 않는 것으로 나타나 다중공선성이 발생할 우려가 낮다(Kennedy 1992). 분산팽창계수(variance inflation factor: VIF)를 계산하여 다중공선성여부를 점검한 결과, VIF 값이 최대 2.12로 나타나 다중공선성 문제가 없는 것으로 판단하였다(Neter et al. 1990).

| 표 4 | 현금보유결정모형 추정을 위한 변수들의 상관관계: 추정표본

변수	CASH	LEV	MTB	SIZE	NWC	CAPEX	ROA	INVCF	FINCF	DEF
CASH	1									
LEV	-0.231***	1								
MTB	0.0935***	-0.2863***	1							
SIZE	-0.1464***	0.1028***	0.069***	1						
NWC	0.376***	-0.4652***	-0.0983***	-0.3207***	1					
CAPEX	-0.0392*	-0.1589***	-0.0146	0.0577***	0.04*	1				
ROA	0.1188***	-0.3008***	0.0816***	0.2242***	0.1922***	0.1993***	1			
INVCF	0.0848***	0.1813***	-0.1314***	-0.108***	-0.0130	-0.4896***	-0.2424***	1		
FINCF	0.0297	-0.03	0.0572***	-0.0788***	0.0175	0.3384***	-0.1434***	-0.5898***	1	
DEF	-0.0384*	-0.0707***	-0.1307***	0.0553***	-0.1218***	0.1521***	-0.135***	-0.1005***	0.1126***	1

***, **, *는 각각 1%와 5%, 10% 수준(양쪽)에서 유의함을 나타냄. 변수에 대한 설명은 〈표 3〉를 참조

2. 현금보유 결정모형의 모수추정

2000년부터 2004년까지 표본을 대상으로, 〈모형 1〉에 제시한 현금보유결정모형에 대한 모수를 추정하였다. 극단치(outlier) 값들이 모수 추정에 미치는 영향을 제거하기 위하여 윈저라이징(winsorizing)[13]을 실시하였고, 모수를 추정할 때 기업특성

효과를 고려하기 위하여 고정효과모형 및 확률효과모형을 활용하였다. 고정효과모형 및 확률효과모형 모두 1% 유의수준에서 유의적인 것으로 나타났으며, 하우스만 검정(Hausman test)에서 1%의 유의수준에서 고정효과모형이 확률효과모형보다 모수 추정에 더 적합한 것으로 나타났다. 따라서 고정효과모형을 통해 모수를 추정하였으며, 추정결과를 〈표 5〉에 제시하였다.

❙ 표 5 ❙ 현금보유결정모형의 모수추정 결과

변수	예상부호	종속변수: CASH	
		추정계수	유의확률
상수항		0.329***	0.003
LEV	−	−0.008	0.420
MTB	+	0.007	0.208
SIZE	−	−0.034**	0.011
NWC	−	0.101***	0.000
CAPEX	−	0.005	0.641
ROA	+	0.136***	0.000
INVCF	+	0.217***	0.000
FINCF	+	0.169***	0.000
DEF	−	0.033	0.126
F−value: 39.52***, R^2: 0.143, Wooldridge test: 33.533***, Hausman test: 26.86***			

***, **, * : 각각 1%, 5%, 10% 수준에서 유의적임을 나타냄. 변수에 대한 설명은 〈표 3〉를 참조

〈표 5〉에서 살펴보는 바와 같이, 기업규모(SIZE)는 현금보유에 유의적인 음(−)의 영향을 미치는 것으로 나타났다. 이러한 결과는 기업규모가 작을수록 자금조달비용이 높기 때문에 현금보유를 높인다는 Ferreira and Vilela(2004)의 연구결과와 동일하

13) 상하위 1%에서 윈저라이징을 실시하고, 윈저라이징 후에도 왜도(skewness)의 절대값이 3, 첨도(Kurtosis)의 절대값이 10을 넘어 극단치 값이 충분히 제거되지 않았다고 판단되는 경우에는 추가로 상하위 2.5%에서 윈저라이징을 실시하였다

다. 순운전자본(NWC)은 현금보유에 유의적인 양(+)의 영향을 미치는 것으로 나타났다. 이러한 결과는 순운전자본이 현금보유와 대체관계에 있다는 D'Mello et al.(2008)의 결과와는 상반되지만, 국내기업을 대상으로 순운전자본이 현금보유와 보완관계에 있다는 김병기(2004)와 공재식(2006)의 연구결과와 동일한 결과를 보였다. 총자산이익률(ROA)은 현금보유에 유의적인 양(+)의 영향을 미치는 것으로 나타났다. 이러한 결과는 수익성이 높을수록 현금흐름이 많이 창출되기 때문에 현금보유가 증가한다는 Kim et al.(1998)의 연구결과와 동일하다. 투자활동으로 인한 현금흐름(INVCF)과 재무활동으로 인한 현금흐름(FINCF)은 모두 현금보유에 유의적인 양(+)의 영향을 미치는 것으로 나타났으며, 이러한 결과는 상충이론을 지지하는 결과이다.

3. 연구 1 : 경영자 특성과 기업의 초과현금 보유

(1) 경영자 특성과 초과현금 보유사이의 관계 검증을 위한 확인표본(holdout sample)의 기술통계량과 상관관계

2005년부터 2014년까지의 4,831개 기업-년 표본을 대상으로 경영자 특성과 초과현금보유비율 사이의 관계를 분석하기 위해 사용한 변수들에 대한 기술통계량을 〈표 6〉에 제시하고, 피어슨 상관계수를 〈표 7〉에 제시하였다.

1) 기술통계량

〈표 6〉에서 살펴보는 바와 같이, 초과현금비율(ECASH)의 평균값은 0.018, 중앙값은 0.004로 나타났다. 소유경영자여부(OM)의 평균값은 0.647로, 이는 소유경영자가 전체 표본에서 차지하는 비중이 64.7%임을 의미한다. 경영자 스톡옵션 부여여부(ESO)의 평균값은 0.058로 나타났으며, 경영자에게 스톡옵션을 부여한 기업이 전체 표본에서 차지하는 비중이 5.5%임을 나타낸다. 대규모 기업집단 소속의 경영자여부(CB)의 평균값은 0.304로 나타나, 공정거래위원회가 자산총액을 기준으로 지정한 상위 30대 대규모 기업집단 계열사의 경영자가 전체 표본에서 차지하는 비중이

30.4%임을 의미한다. 경영자 재임기간(TN)의 평균값은 7.597년이며, 중앙값은 4년으로 파악되었다. 연구개발비(R&D)의 평균값은 0.006이며, 중앙값은 0.001로 나타났다. 현금배당(DIV)의 평균값은 0.181이며, 중앙값은 0.107이다. 현금흐름변동성(VCF)의 평균값은 1.289이며 중앙값은 0.548로 나타났다.

▌표 6▌ 경영자 특성과 초과현금보유비율 관계 검증을 위한 변수들의 기술통계량 : 확인표본(holdout sample)

변수	평균값	중앙값	표준편차	최소값	최대값
ECASH	0.018	0.004	0.070	−0.126	0.399
OM	0.647	1	0.478	0	1
ESO	0.058	0	0.234	0	1
CB	0.304	0	0.460	0	1
TN	7.597	4	8.555	1	48
R&D	0.006	0.001	0.012	0.000	0.043
DIV	0.181	0.107	0.294	−0.355	1.264
VCF	1.289	0.548	1.742	0.124	6.893

ECASH: 초과현금비율, 실제현금보유비율 - 추정현금보유비율 ; OM: 소유경영자여부, 해당기업의 최고경영자가 설립자 또는 그 친인척이거나, 경영자 지분율이 5%이상인 경우 소유경영자로 구분하여 1의 값을 두고, 그렇지 않은 경우 0의 값을 부여하여 비소유경영자로 구분 ; ESO: 경영자 스톡옵션 부여여부, 최고경영자가 스톡옵션을 보유한 경우에는 1의 값을 부여하고, 그렇지 않은 경우에는 0의 값을 부여하여 구분 ; CB: 대규모 기업집단 소속의 경영자 여부, 공정거래위원회가 자산총액을 기준으로 지정한 상위 30대 대규모 기업집단 계열사의 경영자이면 1의 값을 부여하고, 그렇지 않으면 0의값을 부여하여 구분 ; TN: 경영자 재임기간, 최고경영자가 취임한 이후 측정 시점까지 재임한 기간 ; R&D: 연구개발비, 연구개발비지출액을 매출액으로 나눈 값 ; DIV: 현금배당, 현금배당액을 당기순이익으로 나눈 값 ; VCF: 현금흐름변동성, 과거 5개년 현금흐름의 표준편차를 해당연도 현금으로 나눈 값

2) 상관관계

〈표 7〉에서 살펴보는 바와 같이, 경영자 스톡옵션 부여여부(ESO), 대규모 기업집단 소속의 경영자 여부(CB), 연구개발비(R&D) 및 현금흐름변동성(VCF)은 초과현금보유비율(ECASH)과 유의적인 양의 상관관계를 갖는 것으로 나타났다. 반면, 소유경영자여부(OM), 경영자 재임기간(TN) 및 현금배당(DIV)은 초과현금보유비율

(ECASH)과 유의적인 음의 상관관계를 갖는 것으로 나타났다. 독립변수 및 통제변수들 사이의 상관관수는 0.35미만이며 분산팽창계수(variance inflation factors: VIFs)도 2를 넘지 않아, 다중공선성 문제가 없는 것으로 판단하였다.

| 표 7 | 경영자 특성과 초과현금보유비율 관계 검증을 위한 변수들의 상관관계 : 확인표본(holdout sample)

변수	1.ECASH	2.OM	3.ESO	4.CB	5.TN	6.R&D	7. DIV	8.VCF
1.ECASH	1							
2. OM	−0.1123 ***	1						
3. ESO	0.0433 ***	−0.1467 ***	1					
4. CB	0.1635 ***	−0.1925 ***	0.0707 ***	1				
5. TN	−0.1058 ***	0.3464 ***	−0.1176 ***	−0.2452 ***	1			
6. R&D	0.0374 **	0.0001	0.0286 **	−0.0003	0.0398 ***	1		
7. DIV	−0.0275 **	0.0406 ***	−0.0139	−0.0035	0.0454 ***	0.0098	1	
8. VCF	0.0413 ***	0.0780 ***	0.0333 **	−0.0202	−0.0580 ***	−0.0530 ***	−0.0048	1

***, **, *는 각각 1%와 5%, 10% 수준(양쪽)에서 유의함을 나타냄. 변수에 대한 설명은 〈표 6〉 참조

(2) 가설검증 결과 : 경영자 특성이 초과현금에 미치는 영향

〈모형 1〉에 대한 추정식을 2005년부터 2014년까지 4,831개 기업-년 자료로 구성된 확인표본(holdout sample)에 적용하여, 예측현금보유비율을 계산하였다. 그리고 〈모형 2〉에 제시한 바와 같이, 실제현금보유비율에서 추정현금보유비율을 차감한 값을 초과현금보유비율로 측정하였다. 초과현금보유비율이 0보다 큰 표본을 초과현금보유기업으로 구분하고, 초과현금보유비율이 0보다 작은 표본을 비초과현금보유기업으로 구분한 결과를 〈표 8〉에 제시하였다. 〈표 8〉에서 살펴보는 바와 같이, 2005년부터 2014년까지 4,831개 기업-년 가운데, 초과현금 보유기업으로 구분된 기업-년 수는 2,556개이고 비초과현금 보유기업으로 구분된 기업-년 수는 2,275개로 나타났다.

| 표 8 | 초과현금보유여부 구분

연도	전체 표본기업	초과현금보유여부별 분류	
		초과현금 보유기업	비초과현금 보유기업
2005	411	198	213
2006	429	201	228
2007	429	207	221
2008	458	235	223
2009	482	272	210
2010	484	267	217
2011	523	282	240
2012	528	299	229
2013	546	301	245
2014	544	294	249
계	4,831	2,556	2,275

소유경영자여부, 경영자 스톡옵션 부여 여부, 대규모 기업집단 소속의 경영자 여부 및 경영자 재임기간과 같은 경영자 특성이 실제현금보유비율에서 추정현금보유비율을 차감한 값으로 계산한 초과현금보유비율에 미치는 영향을 파악하기 위한 〈모형 3〉에 대한 검증을 실시하였다. 본 연구에서는 패널 회귀분석을 실행할 때 시간특성효과를 고려하기 위하여 1계 자기상관 여부를 검정하는 울드리지 검정(Wooldridge test)을 활용하였고, 기업특성효과를 고려하기 위하여 고정효과모형 및 확률효과모형을 활용하였다. 시간특성효과의 경우 울드리지 검정 결과 1%의 유의수준에서 1계 자기상관이 존재한다고 나왔기 때문에 패널 회귀분석을 실행할 때 연도별 더미변수를 연구모형에 포함시켜 분석하였다. 또한 기업특성효과의 경우 두 모형 모두 1%의 유의수준에서 통계적으로 유의적이었고 하우스만 검정에서 1%의 유의수준에서 고정효과모형이 적합한 것으로 나타났다. 〈표 9〉에서는 〈모형 3〉에 대한 패널 회귀분석 결과를 제시하였다.

| 표 9 | 경영자 특성이 기업의 초과현금비율에 미치는 영향

변수	예상부호	종속변수: ECASH	
		추정계수	유의확률
상수		0.039**	0.038
OM	−	−0.007*	0.070
ESO	−	0.005	0.297
CB	+ / −	−0.039	0.517
TN	−	−0.007**	0.016
TN^2	+	0.002**	0.044
R&D	−	−0.310*	0.069
DIV	−	−0.008**	0.011
VCF	+	−0.001**	0.041
F-value: 2.79***, R^2: 0.015, Wooldridge test: 112.303***, Hausman test: 26.87***			

***, **, * : 각각 1%, 5%, 10% 수준에서 유의적임을 나타냄. 변수에 대한 설명은 〈표 6〉를 참조

〈표 9〉에서 보는 바와 같이, 소유경영자여부(OM)은 초과현금비율(ECASH)에 유의적인 음(−)의 영향을 미치는 것으로 나타났다. 이러한 결과는 전문경영자의 경우가 소유경영자에 비해 초과현금비율이 높다는 것을 의미한다. 따라서 주주와 경영자 사이의 대리인문제 발생가능성이 높은 전문경영자인 경우, 초과현금보유가 높아질 것이라는 가설 1을 지지하는 결과로 해석할 수 있다.

경영자 재임기간(TN)은 초과현금비율(ECASH)에 유의적인 음(−)의 영향을 미치는 것으로 나타났다. 이러한 결과는 경영자의 재임기간이 길어질수록 경영자의 경험, 전문성 및 지식이 축적되고 업무에 대한 몰입이 높아질 수 있으며 경영자의 명성을 훼손시키지 않기 위해, 초과현금보유를 줄인다는 것을 의미한다. 따라서 경영자의 재임기간이 초과현금보유와 관련이 있다는 가설 4를 지지하는 결과로 해석할 수 있다.

한편, 경영자 재임기간(TN)은 초과현금비율(ECASH)에 유의적인 음(−)의 영향을 미치는 반면, 경영자 재임기간의 제곱(TN^2)은 초과현금비율(ECASH)에 유의적인 양의 영향을 미치는 것으로 나타났다. 이러한 결과는 경영자 재임기간이 길어질수록 초과현금보유가 감소하지만, 초과현금보유의 감소폭이 완만해진다는 것을 의미한다.

즉, 경영자 재임기간이 길어질수록 경영자로서의 경험, 전문성 및 지식이 축적되고 업무에 대한 몰입이 높아져 경영자의 명성을 구축하려는 유인에 의해 초과현금보유가 감소될 수 있는 반면, 지위와 소득에 대해 안정성을 추구하여, 위험회피적인 의사결정을 추구하는 경영자 안주(entrenchment)효과도 나타날 수 있음을 의미한다. 따라서 경영자 재임기간(TN)과 경영자 재임기간의 제곱(TN^2)이 초과현금비율(ECASH)에 미치는 영향에 대한 검증결과는 경영자 재임기간이 길어질수록 초과현금보유가 감소하지만 감소폭은 하락하는 U자형 패턴을 보인다는 것을 제시한다.

독립변수 가운데, 경영자 스톡옵션 부여 여부(ESO)와 대규모 기업집단 소속의 경영자 여부(CB)는 종속변수인 초과현금비율(ECASH)에 유의적인 영향을 미치지 않는 것으로 나타났다. 통제변수 가운데, 연구개발비(R&D)와 현금배당(DIV) 그리고 현금흐름 변동성(VCF)은 초과현금보유비율(ECASH)에 유의적인 음(−)의 영향을 미치는 것으로 나타났다.

(3) 추가분석 결과 : 글로벌금융위기 이전과 이후 경영자 특성과 초과현금 보유 관계 비교

3.2절의 분석에서 독립변수인 경영자 특성 가운데, 소유경영자여부(OM)와 경영자 재임기간(TN)은 초과현금비율(ECASH)에 10% 수준에서 유의적인 영향을 미치는 반면, 경영자 스톡옵션 부여 여부(ESO)와 대규모 기업집단 소속의 경영자 여부(CB)는 종속변수인 초과현금비율(ECASH)에 유의적인 영향을 미치지 않는 것으로 나타났다. 그런데, 경영자 특성과 초과현금비율 사이의 관계는 2008~2009년에 발생한 글로벌 금융위기를 전후로 차이가 있을 것으로 판단된다. 따라서 본 절에서는 글로벌 금융위기에 해당하는 표본을 제외하고 표본을 글로벌 금융위기 이전(2005~2007)과 이후(2010~2014)로 구분하여, 경영자 특성과 초과현금비율 사이의 관계를 패널 회귀분석으로 검증하였다.

시간특성효과의 경우 울드리지 검정(Wooldridge test) 결과 1%의 유의수준에서 1계 자기상관이 존재한다고 나왔기 때문에, 패널 회귀분석을 실행할 때 연도별 더미변수를 연구모형에 포함시켜 분석하였다. 또한 기업특성효과의 경우 금융위기 이전 표본에서 확률효과모형은 1%의 유의수준에서 유의하였지만 고정효과모형은 유의적이지 않아, 확률효과모형을 통해 모수를 추정하였다. 하지만 금융위기 이후 표본에서는 고정효과모형 및 확률효과모형 모두 1%의 유의수준에서 통계적으로 유의하여 하우스만 검정을 추가적으로 실시하였는데, 검정 결과 1%의 유의수준에서 고정효과모형이 적합한 것으로 나타났다. 따라서 금융위기 이후 표본에서는 고정효과모형을 통해 모수를 추정하였다.

패널 회귀분석 결과를 〈표 10〉에 제시하였다. 〈표 10〉의 〈패널 A〉에는 글로벌 금융위기 이전(2005~2007년) 표본을 대상으로 경영자 특성과 초과현금비율 사이의 관계를 검증한 결과를 제시하였고, 〈표 10〉의 〈패널 B〉에는 글로벌 금융위기 이후(2010~2014년) 표본을 대상으로 분석한 결과를 제시하였다.

| 표 10 | 경영자 특성이 기업의 초과현금비율에 미치는 영향-금융위기 전/후 비교

변수	예상 부호	종속변수: ECASH			
		〈패널 A〉 금융위기이전		〈패널 B〉 금융위기 이후	
		추정계수	유의확률	추정계수	유의확률
상수	+	0.021***	0.002	0.045***	0.023
OM	−	−0.016***	0.003	−0.012**	0.036
ESO	−	0.007	0.362	0.010	0.154
CB	+ / −	0.021***	0.001	−0.025	0.694
TN	−	−0.009*	0.087	−0.008*	0.059
TN^2	+	0.003*	0.066	0.003*	0.085
R&D	−	0.412	0.103	−0.259	0.303
DIV	−	−0.009*	0.096	−0.007*	0.094
VCF	+	−0.001	0.284	−0.001	0.123
모형3		Chi-square value: 34.87***, R^2: 0.039, Wooldridge test: 3.178**		F-value: 1.82**, R^2: 0.011, Wooldridge test: 51.60***, Hausman test: 20.91***	

***, **, * : 각각 1%, 5%, 10% 수준에서 유의적임을 나타냄. 변수에 대한 설명은 〈표 6〉를 참조

금융위기 이전 표본을 분석한 결과를 나타낸 〈표 10〉의 〈패널 A〉에서 살펴보는 바와 같이, 소유경영자여부(OM)는 초과현금비율(ECASH)에 유의적인 음(−)의 영향을 미치는 것으로 나타났다. 이러한 결과는 전문경영자의 경우가 소유경영자에 비해 초과현금비율이 높다는 것을 나타낸다. 그리고 경영자 재임기간(TN)은 초과현금비율(ECASH)에 유의적인 음(−)의 영향을 미치는 반면, 경영자 재임기간의 제곱(TN^2)은 초과현금비율(ECASH)에 유의적인 양의 영향을 미치는 것으로 나타났다. 이러한 결과는 경영자 재임기간이 길어질수록 초과현금보유가 감소하지만 감소폭은 하락하는 U자형 패턴을 보인다는 것을 제시한다. 소유경영자여부(OM)와 경영자 재임기간(TN)에 대한 분석결과는 전체 표본을 대상으로 분석한 〈표 9〉의 분석결과와 동일하지만, 유의수준은 오히려 높아졌다.

금융위기 이전 표본을 분석한 〈표 10〉의 〈패널 A〉의 결과가 전체 표본을 분석한 〈표 9〉의 결과와 다른 점은 대규모 기업집단 소속의 경영자 여부(CB)이다. 〈표 9〉에서는 대규모 기업집단 소속의 경영자 여부(CB)가 초과현금비율(ECASH)에 유의적인 영향을 미치지 않는 것으로 나타난 반면, 〈표 10〉의 〈패널 A〉에서는 대규모 기업집단 소속의 경영자 여부(CB)가 초과현금비율(ECASH)에 유의적인 양(+)의 영향을 미치는 것으로 나타났다. 이러한 결과는 금융위기 이전에는 대규모기업집단과 같이 소액주주와 지배주주 사이의 대리인문제가 나타나는 경우, 경영자의 초과현금보유가 높아질 가능성이 있다는 것을 보여준다. 또한 이러한 검증결과는 소액주주와 지배주주사이의 대리인 문제가 크고 소액주주에 대한 권리 보호가 낮은 경우 현금보유 비중이 높아진다는 Dittmar et al.(2003) 및 Pinkowitz et al.(2006)의 연구결과와 유사하다. 그러므로 〈표 10〉의 〈패널 A〉의 검증결과는 글로벌 금융위기 이전 한국의 대규모기업집단에 소속된 기업의 경영자는 초과현금보유비율이 상대적으로 높다는 것을 나타낸다. 또한 글로벌 금융위기 이전에는 대규모기업집단의 내부자본시장(internal capital markets)[14] 기능이 여전히 작동하고, 지배주주가 외부주주에 비

14) 기업집단 대상의 내부시장의 존재를 분석한 연구에 의하면 거의 대부분이 내부자본시장이 존재하며 이를 통해 기업의 자금제약을 완화시키고 투자와 현금흐름사이의 민감도(investment-cash

해 내부자본시장 기능의 혜택을 누릴 수 있는 대리인문제가 존재할 수 있다는 점을 시사한다(강형철과 장하성 2014).

금융위기 이후 표본을 분석한 결과를 나타낸 〈표 10〉의 〈패널 B〉에서 살펴보는 바와 같이, 소유경영자여부(OM)는 초과현금비율(ECASH)에 유의적인 음(-)의 영향을 미치는 것으로 나타났다. 그리고 경영자 재임기간(TN)은 초과현금비율(ECASH)에 유의적인 음(-)의 영향을 미치는 반면, 경영자 재임기간의 제곱(TN^2)은 초과현금비율(ECASH)에 유의적인 양의 영향을 미치는 것으로 나타났다. 이러한 결과는 전체 표본을 대상으로 분석한 〈표 9〉의 분석결과와 동일하지만, 유의수준은 오히려 높아졌다. 또한 금융위기 이전 표본을 분석한 〈표 10〉의 〈패널 A〉의 결과와 동일하다.

반면, 〈표 10〉의 〈패널 B〉에서는 대규모 기업집단 소속의 경영자 여부(CB)가 초과현금비율(ECASH)에 유의적인 영향을 미치지 않는 것으로 나타났다는 것이 〈표 10〉의 〈패널 A〉에 제시한 결과와 다른 점이다. 이러한 결과는 글로벌 금융위기 이후 초과현금보유비율이 대규모기업집단에 소속된 경영자 여부에 따라 차이가 나타나지 않는다는 것을 의미한다. 결국, 글로벌 금융위기 이후에는 대규모기업집단의 내부자본시장 기능이 둔화되고 지배주주가 외부주주보다 내부자본시장 기능의 혜택을 누릴 수 있는 대리인문제가 완화되었다는 것을 의미한다. 이러한 결과는 대규모기업집단의 현금보유액과 현금보유 비중 모두 2001년 이후 증가해왔으며, 2008년 금융위기를 기점으로 크게 상승하다가 금융위기 이후 완화되었다는 강형철과 장하성(2014)의 연구결과를 지지한다.

(4) 강건성 검증(Robustness Check)

본 절에서는 연구결과의 강건성을 검증하기 위해, 여섯 가지 검증을 추가로 실시한다. 첫째, 기업지배구조 변수를 추가적인 통제변수로 고려한 후에도, 연구결과가 일관되게 유지되는지 검증한다. 둘째, 추가검증에서는 2005년부터 2014년까지 10년간

---

flow sensitivity)를 낮춘다는 보고를 하였다(Lamont, 1997; Shin and Stulz, 1998; Campa and Kedia, 2002; Fee et al., 2009). 한국의 재벌 연구들에서도 내부시장의 존재와 투자와 현금흐름 사이의 민감도가 낮음이 확인되었다(Shin and Park, 1999; Lee et al., 2009).

4,831개 기업-년 자료를 대상으로 추정한 Opler et al.(1999)의 현금보유모형에서의 잔차를 초과현금보유(ECASH-R)로 측정한 후, 경영자 특성과의 관련성을 분석하였다. 셋째, 내생성 이슈를 해결하기위해 2SLS(two-stage least squares) 분석을 하였다. 넷째, 기업연령 변수를 통제변수로 추가하여 연구결과가 일치하는지 검증하였다. 다섯째, 대기업집단 지배주주를 세밀히 구분하여 초과현금보유와의 관계를 추가분석 하였다. 여섯째, 초과현금보유비율 측정의 강건성을 검증하기 위해 〈모형1〉 현금보유결정모형에서 종속변수인 CASH에 유의적인 영향을 미치는 변수만을 이용하여 모수를 추정하였다. 종속변수에 유의적인 영향을 미치지 않는 변수는 〈모형3〉에 대한 검증에서 통제변수로 고려하여 검증결과를 비교하였다.

1) 기업지배구조 변수를 추가 통제변수로 사용

Mak and Kusnandi(2005)는 기업지배구조가 취약할수록 경영자의 현금보유를 통한 사적이익 추구가 증가할 수 있다고 주장한다. 따라서 기업지배구조가 좋으면, 기업의 초과현금보유가 감소할 수 있다. 추가검증에서는 초과현금비율에 영향을 미칠 수 있는 기업지배구조 변수로 사외이사비율과 기관투자자지분율을 추가적인 통제변수로 고려하였다. 사외이사비율은 이사회의 독립성을 나타내는데, 사외이사비율이 높아지면 기업 내부에서 이사회를 통한 경영자 감시가 효과적으로 이루어질 수 있다(Dahya et al., 2008; Black and Kim, 2012). 따라서 사외이사비율이 높아지면, 초과현금보유가 감소할 수 있다. 기관투자자는 기업 내부정보 입수가 용이하고 분석능력이 뛰어날 뿐만 아니라 감시비용을 부담할 능력을 보유하고 있다(Barclay and Holderness, 1989; Jiambalvo et al., 2002). 그러므로 기관투자자지분율이 높아지면 피투자기업 경영자를 감시할 유인이 더 커진다고 볼 수 있기 때문에, 초과현금보유가 감소할 수 있다.

사외이사비율과 기관투자자지분율을 통제변수로 추가하여 모형을 검증한 결과를 〈표 11〉에 제시하였다. 〈표 11〉의 〈Panel A〉에는 사외이사비율만 통제변수로 고려하여 검증을 실시한 결과를 제시하였으며, 〈표 11〉의 〈Panel B〉에는 사외이사비율과 기관투자자를 모두 추가적인 통제변수로 고려하여 검증을 실시한 결과를 제시하였다.

〈표 11〉의 〈 Panel A〉와 〈 Panel B〉에서 살펴보는 바와 같이, 소유경영자여부(OM)는 초과현금비율(ECASH)에 유의적인 음(−)의 영향을 미치는 것으로 나타났다. 이러한 결과는 전문경영자의 경우가 소유경영자에 비해 초과현금비율이 높다는 것을 의미한다. 그리고 경영자 재임기간(TN)은 초과현금비율(ECASH)에 유의적인 음(−)의 영향을 미치는 반면, 경영자 재임기간의 제곱(TN^2)은 초과현금비율(ECASH)에 유의적인 양의 영향을 미치는 것으로 나타났다. 이러한 결과는 경영자 재임기간이 길어질수록 초과현금보유가 감소하지만, 초과현금보유의 감소폭이 완만해진다는 것을 의미한다. 이러한 결과는 기업지배구조 변수를 추가적인 통제변수로 고려하지 않은 〈표 9〉의 검증결과와 동일하다.

▌표 11▐ 기업지배구조 변수를 추가후 초과현금비율에 미치는 영향

변수	예상 부호	종속변수: ECASH			
		〈패널 A〉		〈패널 B〉	
		추정계수	유의확률	추정계수	유의확률
상수	+	0.037***	0.044	0.037**	0.044
OM	−	−0.007*	0.071	−0.007*	0.056
ESO	−	0.004	0.308	0.004	0.314
CB	+ / −	−0.041	0.495	−0.042	0.483
TN	−	−0.007**	0.016	−0.006**	0.026
TN^2	+	0.002**	0.044	0.002*	0.084
ODR		0.006	0.475	0.007	0.445
ISR				0.006	0.604
R&D	−	−0.312*	0.067	−0.319*	0.061
DIV	−	−0.007**	0.011	−0.008**	0.011
VCF	+	−0.001**	0.040	−0.001*	0.056
		F−value: 2.66***, R^2:0.0138, Wooldridge test: 112.250***, Hausman test: 38.48***		F−value: 2.49**, R^2: 0.0132, Wooldridge test: 110.164***, Hausman test: 38.82***	

***, **, * : 각각 1%, 5%, 10% 수준에서 유의적임을 나타냄. 변수에 대한 설명은 〈표 6〉를 참조

2) 확인표본의 잔차를 초과현금으로 측정한 후 검증

본 연구에서는 2000년부터 2004년까지 5년간 2,133개 기업-년 자료를 추정표본으로 이용하여 Opler et al.(1999)의 현금보유모형을 추정한 후, 2005년부터 2014년까지 10년간 4,831개 기업-년 자료를 확인표본(holdout sample)으로 이용하여 종속변수인 초과현금보유(ECASH)를 계산하였다. 추가검증에서는 2005년부터 2014년까지 10년간 4,831개 기업-년 자료를 대상으로 추정한 Opler et al.(1999)의 현금보유모형에서의 잔차를 초과현금보유(ECASH-R)로 측정한 후, 경영자 특성과의 관련성을 분석하였다. 〈표 12〉의 〈 Panel A〉에는 사외이사비율만 추가적인 통제변수로 고려한 후, 경영자 특성과 초과현금보유(ECASH-R) 사이의 관계를 검증한 결과를 제시하였다. 〈표 12〉의 〈 Panel B〉에는 사외이사비율과 기관투자자를 모두 추가적인 통제변수로 고려하여 검증을 실시한 결과를 제시하였다.

〈표 12〉의 〈 Panel A〉와 〈 Panel B〉에서 살펴보는 바와 같이, 소유경영자여부(OM)은 초과현금비율(ECASH-R)에 유의적인 음(-)의 영향을 미치는 것으로 나타났다. 그리고 경영자 재임기간(TN)은 초과현금비율(ECASH-R)에 유의적인 음(-)의 영향을 미치는 반면, 경영자 재임기간의 제곱(TN^2)은 초과현금비율(ECASH-R)에 유의적인 양의 영향을 미치는 것으로 나타났다. 이러한 결과는 기업지배구조 변수를 추가적인 통제변수로 고려하지 않은 〈표 9〉의 검증결과와 동일하다.

표 12 확인표본의 잔차를 초과현금으로 활용한 후 분석결과

변수	예상 부호	종속변수: ECASH-R[15)			
		〈패널 A〉		〈패널 B〉	
		추정계수	유의확률	추정계수	유의확률
상수	+	-0.021	0.253	-0.021	0.251
OM	-	-0.006*	0.091	-0.007*	0.072
ESO	-	0.005	0.260	0.005	0.262
CB	+ / -	-0.050	0.393	-0.052	0.384
TN	-	-0.007**	0.014	-0.007**	0.023

변수	예상 부호	종속변수: ECASH-R[15)			
		〈패널 A〉		〈패널 B〉	
		추정계수	유의확률	추정계수	유의확률
TN^2	+	0.002**	0.039	0.002*	0.075
ODR		0.005	0.601	0.005	0.561
ISR				0.004	0.762
R&D	−	−0.397**	0.019	−0.408**	0.016
DIV	−	−0.006*	0.055	−0.006*	0.055
VCF	+	−0.001**	0.035	−0.001*	0.050
		F-value: 2.69***, R^2:0.0092, Wooldridge test: 120.313***, Hausman test: 33.81***		F-value: 2.50**, R^2: 0.0091, Wooldridge test: 118.187***, Hausman test: 33.27***	

***, **, * : 각각 1%, 5%, 10% 수준에서 유의적임을 나타냄. 변수에 대한 설명은 〈표 6〉를 참조

3) 내생성 이슈를 통제하기 위한 2SLS 분석

본 연구의 내생성 편향을 완화하기 위해 2단계 최소자승(2SLS) 추정 방법을 사용하여 검증을 실시한다. 1단계에서는 경영자 특성을 종속변수로, 도구변수[16)를 독립변수로, 경영자 특성에 영향을 미치는 통제변수로 구성한 모형을 추정한다. 그리고 2단계에서는 1단계 모형에서 추정된 경영자 특성값을 〈모형 3〉 대체하여 검증한다.

내생성 이슈가 있을 것으로 판단되는 경영자 특성 변수는 ESO(경영자 스톡옵션 부여)와 TN(재임기간)으로 판단된다. ESO에서는 FSR(외국인 주식비중)을 도구변수로 사용하며 이때 FSR은 외국인 투자자가 보유한 주식을 발행 된 주식의 총수로 나누어 측정한다. 또한 TN[17)에서는 도구변수로서 사외이사 비율(ODR)과 등기이사

15) ECASH-R: The residuals estimated from the cash holdings model developed by Opler et al. (1999)

16) 1단계모형에서 오차항과는 무상관인 반면, 경영자특성과는 유의적인 관련성이 있어야 함

17) TN 값은 로그값, 중간값, 평균값의 세가지로 측정한 후, 각 해당값을 1단계 모형에 적용하였으며, 모형 적합도가 가장 높은 최종 도구변수로는 중간값으로 측정한 TN 변수를 활용하였다.

의 주식보유 지분(BDS)를 사용하였으며, 사외이사비율(ODR)은 사외이사의 수를 총 이사수로 나눈 값이다.(Beasley and Salterio 2001; Klein 2002). 등기이사의 주식 보유 지분 (BDS)은 등기이사가 보유한 주식을 발행된 주식의 총수로 나누어 측정한다(Desai and Dharmapala 2006, Moore 2006).

그런 다음 도구변수인 외국인 주식비중(FSR)에 대한 ESO, 사외이사 비율(ODR) 및 등기이사 주식보유 지분(BDS)에 대한 TN을 1단계 모형에서 추정하여 회귀값을 구한다. 그런 다음 2단계에서 대입하여 나온 추정결과는 표13과 같다.

| 표 13 | 2SLS 검증 결과

변수	예상부호	종속변수: ECASH	
		추정계수	유의확률
상수		0.047**	0.017
OM	−	−0.007*	0.072
IVESO18)	−	1.025	0.257
CB	+ / −	−0.048	0.424
IVTN19)	−	−0.023*	0.054
R&D	−	−0.328*	0.056
DIV	−	−0.008**	0.013
VCF	+	−0.001	0.106

F-value: 2.86***, R^2: 0.013, Wooldridge test: 109.571***, Hausman test: 36.29***

***, **, * : 각각 1%, 5%, 10% 수준에서 유의적임을 나타냄. 변수 설명은 〈표 6〉 참조

표 13에서 OM과 TN은 모두 ECASH와 음의 관계로 나타났으며 이는 표 9의 메인 분석 결과와 일치한다.

18) IVESO: Instrumental variable on ESO

19) IVTN: Instrumental variable on TN

4) 기업연령을 통제변수로 추가하여 분석

기업연령이 초과현금에 미치는 영향을 통제하기위해 추가하였으며 주식상장이후의 연수를 산정하여 로그값으로 측정하였다. 표 14는 기업연령 변수를 포함한 후의 결과를 나타낸 것이며 〈Panel A〉는 메인분석을 위한 모형에 적용한 결과이며 〈Panel B〉는 2SLS 모형에 적용한 결과를 제시하였다.

▌표 14▐ 기업연령을 추가 통제한 이후 검증 결과

변수	예상부호	종속변수: ECASH			
		〈패널 A〉 메인분석		〈패널 B〉 2SLS분석	
		추정계수	유의확률	추정계수	유의확률
상수	+	0.081***	0.006	0.088***	0.003
OM	−	−0.008*	0.052	−0.007*	0.071
ESO/IVESO	−	0.004	0.457	1.027	0.256
CB	+/−	−0.039	0.512	−0.048	0.425
TN/IVTN	−	−0.007**	0.016	−0.021*	0.075
TN^2	+	0.002*	0.055		
FM[20]	−	0.029*	0.069	0.029*	0.068
R&D	−	−0.303*	0.077	−0.318*	0.064
DIV	−	−0.008**	0.012	−0.008**	0.012
VCF	+	−0.001*	0.076	−0.001	0.108
		F−value: 2.76***, R^2: 0.0102, Wooldridge test: 111.980***, Hausman test: 27.06***		F−value: 2.89***, R^2: 0.0084, Wooldridge test: 109.777***, Hausman test: 37.65***	

***, **, * : 각각 1%, 5%, 10% 수준에서 유의적임을 나타냄. 변수에 대한 설명은 〈표 6〉를 참조

표 14의 패널 A에서 OM은 ECASH에 음의 관계가, TN은 ECASH에 음의 관계가 나타났지만 TN^2는 ECASH와 양의 관계로 나타났다. 또한, 표 14의 패널 B에서, 표

20) FM: firm age, the log of the number of years since listing

14의 패널 A와 동일한 결과를 확인하였다.

요약하면, 이러한 분석 결과는 추가 통제 변수로 기업연령을 고려하지 않았던 표 9 및 표 13에 제시된 것과 일치된 결과이다.

5) 대기업집단 지배주주 특성과 초과현금 보유

대기업집단의 지배주주의 특성을 보다 자세히 분석하기 위해 747 개의 샘플 (OM = 1 및 CB = 1)을 1 세대, 2 세대 및 3 세대 이상의 지배주주로 나누고 각 세대별 초과현금 보유에 대한 평균 및 중간값을 계산하였다.

재벌의 1세대 샘플수 (초과현금 보유의 평균값)는 36(0.029), 재벌 2세대 샘플수 (초과현금 보유의 평균값)는 498 (0.038), 재벌 3세대 이상 샘플수 (초과 현금 보유액의 평균치)는 213 (0.033)로 나타났다. 여기서 재벌의 2세대 지배주주가 다른 세대에 비해 더 많은 초과현금을 보유하고 있음을 알 수 있었다.

또한 t- 검정 및 Mann-Whitney 검정을 사용하여 각 세대의 지배주주에 대한 초과 현금 보유의 평균 및 중간값이 세대를 구분하지 않은 샘플에서 보다 매우 크게 나타남을 발견할 수 있었다. 그러나 세대간에는 평균과 중간값에 유의한 차이가 없는 것으로 나타났다.

6) 현금보유결정모형에서 유의적인 변수만으로 모수를 추정하여 검증을 실시한 결과

초과현금보유 비율 측정의 강건성을 높이기 위해 〈모형1〉의 모수 추정시 종속변수인 CASH에 유의적인 영향을 미치는 것으로 나타난 SIZE, NWC, ROA, INVCF, FINCF 만으로 모수를 추정한 후, 〈모형2〉를 통해 초과현금보유비율을 재산정하였다. 〈모형1〉의 모수 추정시 종속변수인 CASH에 유의적인 영향을 미치지 않는 것으로 나타난 LEV, MTB, CAPEX, DEF는 〈모형3〉의 통제변수로 추가한 후 검증을 실시하였다. 추가검증 결과를 표 15에 제시하였다.

| 표 15 | 초과현금보유비율 재산정 후 검증결과

변수	예상부호	종속변수: ECASH	
		추정계수	유의확률
상수		0.179	0.367
OM	−	−0.007*	0.079
ESO	−	0.004	0.345
CB	+ / −	−0.051	0.396
TN	−	−0.007**	0.015
TN^2	+	0.002**	0.039
R&D	−	−0.346**	0.042
DIV	−	−0.006**	0.044
VCF	+	−0.001**	0.049
LEV	−	0.017**	0.045
MTB	+	0.019**	0.000
CAPEX	−	−0.020***	0.006
DEF	−	0.060	0.263
F-value: 4.04***, R^2: 0.005, Wooldridge test: 124.327***, Hausman test: 34.36***			

***, **, * : 각각 1%, 5%, 10% 수준에서 유의적임을 나타냄. 변수에 대한 설명은 〈표 6〉를 참조

표 15에서 OM은 ECASH에 음의 영향을 미치는 것으로 나타났다. TN은 ECASH에 음의 관계가 나타났지만 TN^2는 ECASH와 양의 관계로 나타났다. 이러한 분석결과는 표 9와 일치된 결과이다.

(5) 소결

본 연구에서는 기업의 경영자 특성을 소유 및 전문 경영자 여부, 경영자 스톡옵션 부여여부, 대규모 기업집단 소속 경영자 여부 및 경영자 재임기간 등으로 구분하고, 이러한 경영자 특성이 기업의 초과현금보유에 미치는 영향을 검증하였다. 2000년부터 2014년까지 한국거래소 유가증권시장에 상장된 비금융기업 가운데, 검증에 필요

한 자료를 얻을 수 있는 기업을 표본으로 선정하였다. 2000년부터 2004년까지 5년간 2,133개 기업-년 자료를 추정표본(estimation sample)로 이용하여, Opler et al.(1999)의 현금보유모형을 추정하였다. 그리고 2005년부터 2014년까지 10년간 4,831개 기업-년 자료를 확인표본(holdout sample)으로 이용하여 초과현금보유를 계산하고, 경영자 특성과의 관련성을 분석하였다. 주요 검증결과는 다음과 같다.

첫째, 소유경영자여부는 초과현금비율에 유의적인 음(-)의 영향을 미치는 것으로 나타났다. 이러한 결과는 주주와 경영자 사이의 대리인문제가 높은 전문경영자의 경우가 소유경영자에 비해 초과현금비율이 높다는 것을 의미한다.

둘째, 경영자 재임기간은 초과현금비율에 유의적인 음(-)의 영향을 미치는 반면, 경영자 재임기간의 제곱은 초과현금비율에 유의적인 양의 영향을 미치는 것으로 나타났다. 이러한 검증결과는 경경영자 재임기간이 길어질수록 초과현금보유가 감소하지만 감소폭은 하락하는 U자형 패턴을 보인다는 것을 제시한다.

셋째, 금융위기 이전 표본을 대상으로 분석한 결과에서 대규모 기업집단 소속 경영자 여부가 초과현금비율에 유의적인 양(+)의 영향을 미치는 것으로 나타난 반면, 금융위기 이후 표본을 대상으로 분석한 결과에서는 대규모 기업집단 소속의 경영자 여부가 초과현금비율에 유의적인 영향을 미치지 않는 것으로 나타났다. 이러한 결과는 금융위기 이전에는 대규모기업집단과 같이 소액주주와 지배주주 사이의 대리인문제가 나타나는 경우, 경영자의 초과현금보유가 높아질 가능성이 있다는 것을 보여준다. 그러나 글로벌 금융위기 이후에는 대규모기업집단의 내부자본시장 기능이 둔화되고 지배주주가 외부주주보다 내부자본시장 기능의 혜택을 누릴 수 있는 대리인문제가 완화되었다는 것을 의미한다.

4. 연구2 : 이사회특성과 기업의 초과현금 보유

(1) 이사회특성과 초과현금 보유 사이의 관계 검증을 위한 확인표본(holdout sample)의 기술통계량과 상관관계

2005년부터 2014년까지의 4,829개 기업-년 표본을 대상으로 이사회 특성과 초과현금보유비율 사이의 관계를 분석하기 위해 사용한 변수들에 대한 기술통계량을 〈표 16〉에 제시하고, 피어슨 상관계수를 〈표 17〉에 제시하였다.

1) 기술통계량

〈표 16〉에서 살펴보는 바와 같이, 초과현금비율(ECASH)의 평균값은 0.018, 중앙값은 0.004로 나타났다. 사외이사비율(ODR)의 평균값은 0.308로, 이는 사외이사가 전체 표본에서 차지하는 비중이 30.8%임을 의미한다. 10년이상 재직한 사외이사수(ODT)의 평균값은 0.273이며, 중앙값은 0으로 나타났다. 이사회 등기이사의 주식보유비율(BDS)의 평균값은 0.134이며, 중앙값은 0.083으로 나타났다. 사외이사 재무전문성(ODE)의 평균값은 0.392명으로, 회계사, 세무사 등 자격보유, 세무관련 및 금융감독원 등 근무경력자, 금융기관에서 임원이상의 경력자, 경영 및 회계 전공 교수재임 경력자, 최종학력이 경영 및 회계 전공 박사학위자수 중에서 한 개 이상 해당 자격요건을 충족하는 인원수가 0.392명임을 나타낸다. 재무전문성을 세분한 경영학 박사 학위를 보유한 사외이사의 수(ODD)의 평균값은 0.21명이며, 경영학교수인 사외이사의 수(ODF)의 평균값은 0.20명으로 파악되었다.

통제변수 가운데, 연구개발비(R&D)의 평균값은 0.006이며, 중앙값은 0.001로 나타났다. 현금배당(DIV)의 평균값은 0.181이며, 중앙값은 0.107이다. 현금흐름변동성(VCF)의 평균값은 0.633이며 중앙값은 0.344로 나타났다.

┃표 16┃ 이사회 특성과 초과현금보유비율 관계 검증을 위한 변수들의 기술통계량: 확인표본(holdout sample)

변수	평균	중앙값	표준편차	최소값	최대값
ECASH	0.018	0.004	0.070	−0.126	0.399
ODR	0.308	0.250	0.162	0.000	0.917
ODT	0.273	0.000	0.561	0.000	3.000
BOS	0.134	0.083	0.153	0.000	0.996
ODE	0.392	0.000	0.636	0.000	6.000
ODD	0.210	0.000	0.530	0.000	5.000
ODF	0.207	0.000	0.490	0.000	4.000
R&D	0.006	0.000	0.012	0.000	0.043
DIV	0.181	0.107	0.294	−0.355	1.264
VCF	0.633	0.344	2.105	−4.720	8.339

ECASH: 초과현금비율, 실제현금보유비율 − 추정현금보유비율 ; ODR: 사외이사비율, 사외이사수/이사회 등기임원 전체 ; ODT: 10년이상 재직한 사외이사수 ; BOS: 이사회 사내임원의 주식보유 비율, 등기임원 전체 보유주식수 / 총발행주식수 ; ODE: 사외이사의 재무전문성, 회계사, 세무사 등 자격보유, 세무관련 및 금융감독원 등 근무경력자수, 금융기관에서 임원이상의 경력자수, 경영 및 회계 전공 교수재임자수, 최종학력이 경영 및 회계 전공 박사학위 보유자수 ; ODD: 사외이사의 최종학력이 경영 및 회계 전공 박사학위 보유자수 ; ODF: 사외이사가 경영 및 회계 전공 교수재임자수 ; R&D: 연구개발비, 연구개발비지출액을 매출액으로 나눈 값 ; DIV: 현금배당, 현금배당액을 당기순이익으로 나눈 값 ; VCF: 현금흐름변동성, 과거 5개년 현금흐름의 표준편차를 해당연도 현금으로 나눈 값

2) 상관관계

〈표 17〉에서 살펴보는 바와 같이, 사외이사비율(ODR), 사외이사재무전문성(ODE), 사외이사 박사학위 소지자수(ODD), 사외이사 교수재직자수(ODF), 연구개발비(R&D)는 초과현금보유비율(ECASH)과 유의적인 양의 상관관계를 갖는 것으로 나타났다. 반면, 이사회 사내임원 주식보유비중(BOS), 현금배당(DIV), 현금흐름변동성(VCF)은 초과현금보유비율(ECASH)과 유의적인 음의 상관관계를 갖는 것으로 나타났다. 독립변수 및 통제변수들 사이의 상관계수는 0.36미만이며 분산팽창계수(variance inflation factors: VIFs)도 2를 넘지 않아, 다중공선성 문제가 없는 것으로 판단하였다.

| 표 17 | 이사회 특성과 초과현금보유비율 관계 검증을 위한 변수들의 상관관계: 확인표본

변수	1.ECASH	2.ODR	3.ODT	4.BOS	5.ODE	6.ODD	7.ODF	8.R&D	9.DIV	10.VCF
1.ECASH	1									
2.ODR	0.1685***	1								
3.ODT	-0.0086	0.0835***	1							
4.BOS	-0.1382***	-0.1643***	0.0969***	1						
5.ODE	0.0556***	0.3154***	0.0126	-0.0458***	1					
6.ODD	0.0532***	0.2882***	-0.0271*	-0.0662***	0.0555***	1				
7.ODF	0.0633***	0.3598***	-0.0101	-0.1185***	0.0395***	0.3748***	1			
8.R&D	0.0323**	0.1151***	0.024*	0.0028	0.0188	0.0689***	0.0649***	1		
9.DIV	-0.0302**	0.0171	0.0433***	0.0527***	-0.0258*	0.0267*	0.0479***	0.0096	1	
10.VCF	-0.0326**	-0.0124	0.023	0.0202	-0.0089	-0.0004	-0.0009	-0.031**	0.338***	1

***, **, *는 각각 1%와 5%, 10% 수준(양쪽)에서 유의함을 나타냄. 변수 설명은 〈표 15〉를 참조

(2) 가설검증 결과 : 이사회 특성이 초과현금에 미치는 영향

〈모형 1〉에 대한 추정식을 2005년부터 2014년까지 4,829개 기업-년 자료로 구성된 확인표본(holdout sample)에 적용하여, 예측현금보유비율을 계산하였다. 그리고 〈모형 2〉에 제시한 바와 같이, 실제현금보유비율에서 추정현금보유비율을 차감한 값을 초과현금보유비율로 측정하였다. 초과현금보유비율이 0보다 큰 표본을 초과현금보유기업으로 구분하고, 초과현금보유비율이 0보다 작은 표본을 비초과현금보유기업으로 구분한 결과를 〈표 18〉에 제시하였다. 〈표 18〉에서 살펴보는 바와 같이, 2005년부터 2014년까지 4,829개 기업-년 가운데, 초과현금 보유기업으로 구분된 기업-년 수는 2,555개이고 비초과현금 보유기업으로 구분된 기업-년 수는 2,274개로 나타났다.

표 18 초과현금보유여부구분

연도	전체 표본기업	초과현금보유여부별 분류	
		초과현금 보유기업	비초과현금 보유기업
2005	411	198	213
2006	429	201	228
2007	428	207	221
2008	458	235	223
2009	480	271	209
2010	484	267	217
2011	522	282	240
2012	528	299	229
2013	546	301	245
2014	543	294	249
합계	4,829	2,555	2,274

1) 이사회 특성이 초과현금보유에 미치는 영향: 개별모형

사외이사비율, 10년이상 재직한 사외이사수, 이사회 등기이사의 주식보유비율, 재무전문성을 갖춘 사외이사의 수, 경영학박사 학위를 보유한 사외이사의 수 그리고 경영학교수인 사외이사의 수와 같은 이사회 특성이 실제현금보유비율에서 추정현금보유비율을 차감한 값으로 측정한 초과현금보유비율에 미치는 영향을 파악하기 위해, 〈모형 4〉에 대한 검증을 실시하였다. 본 연구에서는 패널 회귀분석을 실행할 때 시간특성효과를 고려하기 위하여 1계 자기상관 여부를 검정하는 울드리지 검정(Wooldridge test)을 활용하였고, 기업특성효과를 고려하기 위하여 고정효과모형 및 확률효과모형을 활용하였다. 시간특성효과의 경우 울드리지 검정 결과 1%의 유의수준에서 1계 자기상관이 존재한다고 나왔기 때문에, 패널 회귀분석을 실행할 때 연도별 더미변수를 연구모형에 포함시켜 분석하였다. 또한 기업특성효과의 경우 두 모형 모두 1%의 유의수준에서 통계적으로 유의적이었고 하우스만 검정에서 1%의 유의수준에서 고정효과모형이 적합한 것으로 나타났다.

〈표 19〉에는 〈모형 4〉에 대한 패널 회귀분석 결과를 제시하였다. 〈표 19〉의 〈패널 A〉에는 사외이사비율에 대한 검증결과, 〈패널 B〉에는 10년이상 재직한 사외이사수에 대한 검증결과, 〈패널 C〉에는 이사회 등기이사의 주식보유비율에 대한 검증결과, 그리고 〈패널 D〉에는 재무전문성을 갖춘 사외이사의 수에 대한 검증결과를 제시하였다.

〈표 19〉의 〈패널 B〉에서 살펴보는 바와 같이, 10년 이상 재직한 사외이사수(ODT)로 측정한 사외이사 재직기간은 초과현금비율(ECASH)에 유의적인 양(+)의 영향을 미치는 것으로 나타났다. 이러한 결과는 사외이사의 재임기간이 길어지면 경영자와 유대관계가 형성되어, 경영자에 대한 사외이사의 견제기능이 약화될 수 있다는 것을 의미한다. 또한 사외이사의 재임기간이 길어지면서 참호구축(entrenchment effect)의 한계비용이 학습으로 인한 한계가치를 초과하기 때문에 나타난 결과로 볼 수 있다(Bebchuk and Fried 2004).

〈표 19〉의 〈패널 C〉에서 살펴보는 바와 같이, 이사회 등기이사의 주식보유비중은 초과현금비율(ECASH)에 유의적인 음(−)의 영향을 미치는 것으로 나타났다. 이러한 결과는 등기이사의 주식보유로 인해 이사회가 경영자를 효과적으로 감시할 유인을 갖게 되므로, 경영자의 사적소비 및 경영자 부정과 같은 대리인비용이 감소될 수 있다는 것으로 해석할 수 있다(Desai and Dharmapala 2006; Moore(2006).

〈표 19〉의 〈패널 D〉에서 살펴보는 바와 같이, 사외이사의 재무전문성과 초과현금보유 사이에 유의적인 관련성이 나타나지 않았다. 이러한 결과는 사외이사의 재무전문성이라는 개념을 포괄적으로 정의한 것이 하나의 원인일 수 있다. 그러므로 사외이사의 재무전문성을 경영학박사 학위를 보유한 사외이사와 경영학교수인 사외이사로 세분하여 검증을 실시하였다. 검증결과 경영학박사 학위를 보유한 사외이사와 경영학교수인 사외이사는 초과현금보유에 유의적인 음(−)의 영향을 미치는 것으로 나타났다.

Ⅰ표 19Ⅰ 이사회 특성이 초과현금보유에 미치는 영향: 개별모형

변수	예상 부호	종속변수: ECASH											
		〈패널 A〉 사외이사비율		〈패널 B〉 사외이사 재직기간		〈패널 C〉 등기이사 주식보유		〈패널 D〉 사외이사 재무전문성					
								재무전문성		경영학박사 학위		경영학 교수	
		추정계수	유의확률	추정계수	유의확률	추정계수	유의확률	추정계수	유의확률	추정계수	유의확률	추정계수	유의확률
상수	+	0.0154***	0.001	0.0098**	0.013	0.0210***	0.000	0.0172***	0.000	0.0179***	0.000	0.0178***	0.000
ODR	−	0.0058	0.529										
ODT	+ / −			0.0252***	0.01								
BDS	+ / −					−0.0323***	0.003						
ODE	−							−0.0009	0.649				
ODD	−									−0.0055**	0.014		
ODF	−											−0.0059**	0.013
R&D	−	−0.320*	0.060	−0.325*	0.057	−0.324*	0.057	−0.317*	0.063	−0.319*	0.061	−0.321*	0.059
DIV	−	−0.0085**	0.012	−0.0084**	0.013	−0.0086**	0.011	−0.0084**	0.013	−0.0086**	0.011	−0.0084**	0.013
VCF	+	−0.0001	0.922	−0.0001	0.906	−0.0001	0.965	−0.0001	0.924	−0.0003	0.925	−0.0001	0.943
통계량		F-value: 2.54***, R^2: 0.0026, Wooldridge test: 113.304***, hausman test: 33.36***		F-value: 3.02***, R^2: 0.0001, Wooldridge test: 113.167***, hausman test: 17.80***		F-value: 3.19***, R^2: 0.0112, Wooldridge test: 113.441***, hausman test: 17.54***		F-value: 2.52***, R^2: 0.0004, Wooldridge test: 113.117***, hausman test: 15.26***		F-value: 2.97***, R^2: 0.0001, Wooldridge test: 113.497***, hausman test: 24.31***		F-value: 2.98***, R^2: 0.0001, Wooldridge test: 113.382***, hausman test: 30.23***	

***, **, * : 각각 1%, 5%, 10% 수준에서 유의적임을 나타냄. 변수에 대한 설명은 〈표 15〉를 참조

독립변수 가운데, 사외이사비율은 종속변수인 초과현금비율(ECASH)에 유의적인 영향을 미치지 않는 것으로 나타났다. 이러한 결과는 독립적인 사외이사를 구분하지 못했기 때문에 나타난 결과일 수 있다. 왜냐하면 경영자와 우호적인 관계에 있는 사외이사(affiliated directors)는 경영자를 효과적으로 감시하지 못하여 기업가치를 높이는데 공헌할 수 없기 때문이다(Dahya et al. 2008). 통제변수 가운데, 연구개발비(R&D)와 현금배당(DIV)은 초과현금보유비율(ECASH)에 유의적인 음(−)의 영향을 미치는 것으로 나타났다.

독립변수 분포의 정규성을 높이기 위해, 독립변수에 로그를 취한 값을 취하여 검증을 실시하였다. 검증결과를 〈표 20〉에 제시하였다. 〈표 20〉에서 살펴보는 바와 같이, 10년 이상 재직한 사외이사수(ODT)로 측정한 사외이사 재직기간은 초과현금비율(ECASH)에 유의적인 양(+)의 영향을 미치는 것으로 나타났다. 반면, 이사회 등기이사의 주식보유비중, 경영학박사 학위를 보유한 사외이사와 경영학교수인 사외이사는 초과현금보유에 유의적인 음(−)의 영향을 미치는 것으로 나타났다. 이러한 〈표 20〉의 검증결과는 독립변수에 로그를 취하지 않은 〈표 18〉의 검증결과와 동일하다.

▌표 20▐ 이사회 특성이 초과현금보유에 미치는 영향: 독립변수에 로그값을 취한 개별모형

변수	예상 부호	종속변수: ECASH											
		〈패널 A〉 사외이사비율		〈패널 B〉 사외이사재직기간		〈패널 C〉 등기이사 주식보유		〈패널 D〉 사외이사 재무전문성					
								종합적 전문성		재무관련 박사학위		재무관련 대학교수	
		추정계수	유의확률	추정계수	유의확률	추정계수	유의확률	추정계수	유의확률	추정계수	유의확률	추정계수	유의확률
상수	+	0.0154***	0.000	0.0085**	0.035	0.0210***	0.000	0.0171***	0.000	0.0179***	0.000	0.0178***	0.000
ODR	−	0.0058	0.529										
ODT	+ / −			0.0473***	0.004								
BDS	+ / −					−0.0323***	0.003						
ODE	−							−0.0009	0.791				
ODD	−									−0.0087**	0.024		
ODF	−											−0.0088**	0.025
R&D	−	−0.320*	0.060	−0.328*	0.054	−0.324*	0.057	−0.317*	0.063	−0.319*	0.061	−0.318*	0.062
DIV	−	−0.0085**	0.012	−0.0084**	0.013	−0.0086**	0.011	−0.0085**	0.013	−0.0086**	0.011	−0.0084**	0.013
VCF	+	−0.0001	0.922	−0.0001	0.90	−0.0001	0.965	−0.0001	0.923	−0.0001	0.926	−0.0001	0.936
통계량		F−value: 2.54***, R^2: 0.0026, Wooldridge test: 113.304***, hausman test: 33.36***		F−value: 3.17***, R^2: 0.0001, Wooldridge test: 113.126***, hausman test: 19.51***		F−value: 3.19***, R^2: 0.0112, Wooldridge test: 113.441***, hausman test: 17.54***		F−value: 2.51***, R^2: 0.0005, Wooldridge test: 113.059***, hausman test: 14.14***		F−value: 2.90***, R^2: 0.0001, Wooldridge test: 113.352***, hausman test: 23.25***		F−value: 2.90***, R^2: 0.0001, Wooldridge test: 113.452***, hausman test: 29.75***	

***, **, * : 각각 1%, 5%, 10% 수준에서 유의적임을 나타냄. 변수에 대한 설명은 〈표 15〉를 참조

2) 이사회 특성이 초과현금보유에 미치는 영향: 통합모형

여기서는 종속변수인 초과현금보유에 미치는 독립변수인 이사회 특성의 상대적인 영향력을 파악하기 위해, 이사회 특성을 하나의 모형에 통합하여 패널 회귀분석을 실시하였다.[21] 〈표 21〉의 〈패널 A〉에서는 독립변수에 로그값을 취하지 않은 검증결과를 제시하였고, 〈표 21〉의〈패널 B〉에서는 독립변수에 로그값을 취하여 검증을 실시한 결과를 제시하였다.

▌표 21▐ 이사회 특성이 초과현금보유에 미치는 영향: 통합 모형

변수	예상 부호	종속변수: ECASH			
		〈패널 A〉 독립변수에 로그를 취하지 않은 경우		〈패널 B〉독립변수에 로그를 취한 경우	
		추정계수	유의확률	추정계수	유의확률
상수	+	0.014***	0.004	0.013**	0.011
ODR	−	0.012	0.219	0.011	0.252
ODT	+ / −	0.025**	0.011	0.047***	0.004
BDS	+ / −	−0.033***	0.002	−0.033***	0.002
ODE	−	−0.002	0.302	−0.003	0.376
ODD	−	−0.005**	0.026	−0.008**	0.038
ODF	−	−0.006**	0.017	−0.009**	0.031
R&D	−	−0.337**	0.047	−0.337**	0.047
DIV	−	−0.009**	0.012	−0.009**	0.012
VCF	+	0.001	0.956	0.001	0.941
통계량		F−value:3.41***, R^2:0.0016, Wooldridge test:113.111***, hausman test:48.58***		F−value:3.39***, R^2:0.0015, Wooldridge test:113.127***, hausman test:49.20***	

21) 패널 회귀분석을 실행할 때 시간특성효과를 고려하기 위하여 1계 자기상관 여부를 검정하는 울드리지 검정(Wooldridge test)을 활용하였고, 기업특성효과를 고려하기 위하여 고정효과모형 및 확률효과모형을 활용하였다. 시간특성효과의 경우 울드리지 검정 결과 1%의 유의수준에서 1계 자기상관이 존재한다고 나왔기 때문에 패널 회귀분석을 실행할 때 연도별 더미변수를 연구모형에 포함시켜 분석하였다. 또한 기업특성효과의 경우 두 모형 모두 1%의 유의수준에서 통계적으로 유의적이었고 하우스만 검정에서 1%의 유의수준에서 고정효과모형이 적합한 것으로 나타났다.

〈표 21〉의 〈패널 A〉와 〈패널 B〉에서 살펴보는 바와 같이, 10년 이상 재직한 사외이사수(ODT)로 측정한 사외이사 재직기간은 초과현금비율(ECASH)에 유의적인 양(+)의 영향을 미치는 것으로 나타났다. 반면, 이사회 등기이사의 주식보유비중은 초과현금비율(ECASH)에 유의적인 음(−)의 영향을 미치는 것으로 나타났다. 또한 사외이사의 재무전문성 가운데, 경영학박사 학위를 보유한 사외이사와 경영학교수인 사외이사는 초과현금보유에 유의적인 음(−)의 영향을 미치는 것으로 나타났다. 이러한 검증결과는 이사회 특성을 개별적인 모형으로 구분하여 검증을 실시한 〈표 19〉 및 〈표 20〉의 검증결과와 일치한다. 또한 10년 이상 재임한 사외이사와 등기이사가 주식을 보유한 경우가 사외이사가 경영학박사 학위를 보유하거나 경영학교수인 경우보다 초과현금보유에 미치는 영향이 더 크게 나타났다.

(1)과 (2)의 검증결과에서 살펴보는 바와 같이, 사외이사의 재직기간이 길어지면 사외이사의 경영자 감시가 약화되어 기업의 초과현금보유가 증가한다는 것을 알 수 있다. 또한 등기이사의 주식보유로 인해 이사회가 경영자를 효과적으로 감시할 유인이 커지므로, 기업의 초과현금보유가 감소한다는 것을 알 수 있다. 그리고 사외이사가 경영학박사 및 교수로서 재무전문성을 갖춘 경우, 초과현금보유가 감소한다는 것을 보여준다.

(3) 이사회 특성이 초과현금보유에 미치는 영향의 경영자 유형에 따른 차이

Jensen(1986)은 기업의 이익을 어떻게 사용할 것인지에 대해 주주와 경영자 사이의 이해관계가 상충될 수 있기 때문에, 주주보호나 기업지배구조가 나쁜 경우 초과현금보유(excess cash holding)가 나타날 가능성이 높다고 주장한다. 왜냐하면, 경영자에 대한 감시가 효과적이지 않은 기업지배구조 하에서는 기업이 보유한 초과현금을 경영자가 자신의 사적이익을 위해 사용할 개연성이 존재하기 때문이다(임경묵과 최용석 2006; Ferreira and Vilela 2004). 또한 경영자는 주주에 비해 위험을 회피하려는 성향이 높다. 왜냐하면, 주주는 자본시장에서 주식매매를 통해 주인으로서의 지위를 변경할 수 있지만, 경영자는 자신의 인적자본(human capital) 및 재무적 부

(financial wealth)가 기업에 종속되어 있기 때문이다. 따라서 위험회피적인 경영자는 자신의 부가 감소될 위험을 줄이기 위해, 기업의 투자를 분산시키거나 위험이 낮은 투자안을 선택하려는 유인을 가질 수 있다. 따라서 전문경영자인 경우, 초과현금을 보유할 가능성이 높아진다.

반면, 소유경영자는 주주이면서 동시에 경영자이기 때문에, 현금을 과도하게 보유하지 않고 적절한 투자처를 찾을 유인이 있다. 또한 적절한 투자처가 존재하지 않는 경우에는 주주에게 배당으로 환원할 가능성이 크다(Wright et al. 2007). Nikolov and Whited(2011)는 전통적인 대리인문제로 현금보유비율이 22%까지 높아졌고, 그 결과 주주가치가 6% 하락한다는 연구결과를 제시하였다. 그러므로 이사회 특성이 초과현금보유에 미치는 영향은 경영자의 유형에 따라 차이가 발생할 수 있다.

본 절에서는 대리인이론에 근거하여 이사회 특성과 초과현금보유 사이의 관련성이 소유경영자 여부에 따라 달라지는지를 검증하고, 그 결과를 〈표 22〉에 제시하였다. 〈표 22〉의 〈패널 A〉에는 사외이사의 재무전문성을 종합적 전문성으로 측정한 결과를 제시하였고, 〈패널 B〉에는 경영학박사 학위를 보유한 사외이사로 재무전문성을 측정한 결과를 제시하였으며, 〈패널 C〉에는 재무전문성을 경영학 교수인 사외이사로 측정한 결과를 제시하였다.

〈표 22〉에서 살펴보는 바와 같이, 등기이사의 주식소유비중과 소유경영자여부의 상호작용항이 초과현금비율 유의적인 음의 영향을 미치는 것으로 나타났다. 이러한 결과는 주주와 경영자 사이의 대리인문제 발생가능성이 높은 전문경영자 기업보다 주주와 경영자 사이의 대리인문제 발생가능성이 낮은 소유경영자 기업에서, 등기이사의 주식소유비중이 초과현금보유에 미치는 효과가 더 크다는 것을 나타낸다.

연구결과의 강건성을 높이기 위해, 독립변수에 로그를 취한 값을 이용하여 검증을 실시한 결과를 〈표 23〉에 제시하였다. 〈표 23〉에서 독립변수 분포의 정규성을 높이기 위해 독립변수에 로그를 취하여 검증을 실시한 경우에도 등기이사의 주식소유비중과 소유경영자여부의 상호작용항이 초과현금비율 유의적인 음의 영향을 미치는 것으로 나타났다. 이러한 결과는 독립변수에 로그를 취하지 않은 〈표 22〉의 검증결과와 동일하다.

표 22 이사회 특성이 초과현금보유에 미치는 영향의 경영자 유형(소유경영자여부)에 따른 차이

변수	예상 부호	종속변수: ECASH					
		〈패널 A〉 종합적 전문성		〈패널 B〉 재무관련 박사학위		〈패널 C〉 재무관련 대학교수	
		추정계수	유의확률	추정계수	유의확률	추정계수	유의확률
상수	+	0.0146**	0.023	0.0152**	0.017	0.0145**	0.044
ODR	−	−0.001	0.942	−0.0021	0.878	0.004	0.767
ODT	+ / −	0.0274***	0.008	0.0274***	0.008	0.0276***	0.007
BDS	+ / −	0.0123	0.527	0.0123	0.525	0.0110	0.570
ODE	−	−0.0004	0.894				
ODD	−			−0.0024	0.498		
ODF	−					−0.0097***	0.008
CEO		−0.0008	0.912	−0.0008	0.906	−0.0003	0.961
ODR×CEO		0.0112	0.485	0.0126	0.428	0.0050	0.755
ODT×CEO		−0.0048	0.505	−0.0044	0.543	−0.0054	0.459
BDS×CEO		−0.0563***	0.008	−0.0562***	0.008	−0.0551***	0.010
ODE×CEO		−0.0021	0.569				
ODD×CEO				−0.0054	0.205		
ODF×CEO						0.0058	0.207
R&D	−	−0.324*	0.057	−0.324*	0.057	−0.320*	0.060
DIV	−	−0.0086**	0.011	−0.0087**	0.010	−0.0087**	0.010
VCF	+	−0.0002	0.968	−0.0002	0.914	−0.0002	0.996
통계량		F−value: 2.84***, R^2: 0.0049, Wooldridge test: 114.719***, Hausman test: 41.69***		F−value: 3.18***, R^2: 0.0040, Wooldridge test: 114.956***, Hausman test: 44.07***		F−value: 3.19***, R^2: 0.0041, Wooldridge test: 114.874***, Hausman test: 45.11***	

***, **, * : 각각 1%, 5%, 10% 수준에서 유의적임을 나타냄. 변수에 대한 설명은 〈표 15〉를 참조

▌표 23▌ 이사회 특성이 초과현금보유에 미치는 영향의 경영자 유형(소유경영자여부)에 따른 차이: 로그변환

변수	예상 부호	종속변수: ECASH					
		〈패널 A〉 종합적 전문성		〈패널 B〉 재무관련 박사학위		〈패널 C〉 재무관련 대학교수	
		추정계수	유의확률	추정계수	유의확률	추정계수	유의확률
상수	+	0.0131**	0.043	0.0137**	0.033	0.0128***	0.044
ODR	−	−0.0019	0.886	−0.0023	0.862	0.0045	0.743
ODT	+ / −	0.0516***	0.003	0.0515***	0.003	0.0523***	0.003
BDS	+ / −	0.0126	0.517	0.0125	0.520	0.011	0.569
ODE	−	0.0005	0.917				
ODD	−			−0.0033	0.581		
ODF	−					−0.0163***	0.008
CEO		−0.0006	0.930	−0.0007	0.918	−0.0003	0.962
ODR×CEO		0.0118	0.462	0.0126	0.430	0.0040	0.803
ODT×CEO		−0.0074	0.525	−0.0068	0.563	−0.0086	0.462
BDS×CEO		−0.0567***	0.008	−0.0566***	0.008	−0.0552***	0.009
ODE×CEO		−0.0045	0.480				
ODD×CEO				−0.0095	0.199		
ODF×CEO						0.0113	0.136
R&D	−	−0.329*	0.054	−0.330*	0.052	−0.318*	0.061
DIV	−	−0.0086**	0.011	−0.0087***	0.010	−0.0086**	0.011
VCF	+	−0.0002	0.957	−0.0002	0.960	−0.0003	0.995
통계량		F−value: 2.93***, R^2: 0.0041, Wooldridge test: 115.127***, Hausman test: 43.42***		F−value: 3.23***, R^2: 0.0035, Wooldridge test: 115.256***, Hausman test: 45.77***		F−value: 3.26***, R^2: 0.0034, Wooldridge test: 115.122***, Hausman test: 47.35***	

***, **, * : 각각 1%, 5%, 10% 수준에서 유의적임을 나타냄. 변수에 대한 설명은 〈표 15〉를 참조

(4) 추가분석 결과

1) 이사회 특성이 초과현금보유에 미치는 영향: 통합모형

추가분석에서는 2005년부터 2014년까지 4,829개 기업-년 자료로 구성된 확인표본(holdout sample)을 대상으로 추정한 〈모형 1〉의 잔차를 초과현금비율로 정의한 다음, 이사회 특성과 초과현금보유비율 사이의 관계를 검증하였다. 〈표 24〉의 〈패널 A〉에서는 독립변수에 로그값을 취하지 않은 검증결과를 제시하였고, 〈표 24〉의〈패널 B〉에서는 독립변수에 로그값을 취하여 검증을 실시한 결과를 제시하였다.

▌표 24▌ 추정한 현금보유 결정모형의 잔차를 초과현금 비율로 측정한 경우

변수	예상부호	종속변수: ECASH			
		〈패널 A〉 독립변수에 로그를 취하지 않은 경우		〈패널 B〉독립변수에 로그를 취한 경우	
		추정계수	유의확률	추정계수	유의확률
상수	+	−0.0013	0.789	−0.0025	0.602
ODR	−	0.0124	0.195	0.0115	0.229
ODT	+/−	0.0252***	0.010	0.0476***	0.003
BDS	+/−	−0.0240**	0.026	−0.0240**	0.026
ODE	−	−0.0025	0.207	−0.0037	0.278
ODD	−	−0.0048**	0.035	−0.0077**	0.049
ODF	−	−0.0055**	0.023	−0.0081**	0.043
R&D	−	−0.3966**	0.019	−0.397**	0.019
DIV	−	−0.0065*	0.053	−0.0065*	0.054
VCF	+	0.0001	0.991	0.0001	0.602
통계량		F-value:2.09***, R^2:0.0002, Wooldridge test:114.508***, hausman test:84.10***		F-value:2.09***, R^2:0.0002, Wooldridge test:114.526***, hausman test:84.89***	

〈표 24〉의 〈패널 A〉와 〈패널 B〉에서 살펴보는 바와 같이, 10년 이상 재직한 사외

이사수는 초과현금보유에 유의적인 양(+)의 영향을 미치는 반면, 이사회 등기이사의 주식보유비중은 초과현금보유에 유의적인 음(−)의 영향을 미치는 것으로 나타났다. 또한 사외이사의 재무전문성 가운데, 경영학박사 학위를 보유한 사외이사와 경영학 교수인 사외이사는 초과현금보유에 유의적인 음(−)의 영향을 미치는 것으로 나타났다. 이러한 검증결과는 추정표본과 확인표본으로 표본을 구분한 후 초과현금보유를 계산하여 검증을 실시한 결과와 동일하다.

2) 이사회 특성이 초과현금보유에 미치는 영향의 경영자유형 차이

이사회 특성과 초과현금보유 사이의 관련성이 소유경영자 여부에 따라 달라지는지를 검증하고, 그 결과를 〈표 25〉에 제시하였다. 〈표 25〉의 〈패널 A〉에는 사외이사의 재무전문성을 종합적 전문성으로 측정한 결과를 제시하였고, 〈패널 B〉에는 경영학박사 학위를 보유한 사외이사로 재무전문성을 측정한 결과를 제시하였으며, 〈패널 C〉에는 재무전문성을 경영학 교수인 사외이사로 측정한 결과를 제시하였다.

〈표 25〉에서 살펴보는 바와 같이, 등기이사의 주식소유비중과 소유경영자여부의 상호작용항이 초과현금비율에 유의적인 음의 영향을 미치는 것으로 나타났다. 이러한 결과는 주주와 경영자 사이의 대리인문제 발생가능성이 높은 전문경영자 기업보다 주주와 경영자 사이의 대리인문제 발생가능성이 낮은 소유경영자 기업에서, 등기이사의 주식소유비중이 초과현금보유에 미치는 효과가 더 크다는 것을 나타낸다. 그리고 이러한 결과는 추정표본과 확인표본으로 표본을 구분한 후 초과현금보유를 계산하여 검증을 실시한 〈표 22〉의 결과와 동일하다.

연구결과의 강건성을 높이기 위해, 독립변수에 로그를 취한 값을 이용하여 검증을 실시한 결과를 〈표 26〉에 제시하였다. 독립변수에 로그를 취하여 검증을 실시한 경우에도 등기이사의 주식소유비중과 소유경영자여부의 상호작용항이 초과현금비율에 유의적인 음의 영향을 미치는 것으로 나타났다. 이러한 결과는 독립변수에 로그를 취하지 않은 〈표 25〉의 검증결과와 동일하다.

▌표 25▐ 추가분석 : 이사회 특성이 초과현금보유에 미치는 영향의 경영자 유형(소유경영자여부)에 따른 차이

변수	예상 부호	종속변수: ECASH					
		〈패널 A〉 종합적 전문성		〈패널 B〉 재무관련 박사학위		〈패널 C〉 재무관련 대학교수	
		추정계수	유의확률	추정계수	유의확률	추정계수	유의확률
상수	+	−0.0018	0.777	−0.0013	0.834	−0.002	0.755
ODR	−	0.0023	0.868	0.0007	0.956	0.0059	0.664
ODT	+ / −	0.0275***	0.007	0.0275***	0.007	0.0277***	0.007
BDS	+ / −	0.0226	0.242	0.0228	0.236	0.0217	0.261
ODE	−	−0.0009	0.745				
ODD	−			−0.0025	0.476		
ODF	−					−0.0086**	0.017
CEO		0.0016	0.824	0.0016	0.825	0.002	0.779
ODR×CEO		0.0073	0.647	0.0084	0.595	0.0021	0.895
ODT×CEO		−0.0042	0.556	−0.0039	0.588	−0.0048	0.506
BDS×CEO		−0.0588***	0.005	−0.0587***	0.005	−0.0577***	0.006
ODE×CEO		−0.002	0.593				
ODD×CEO				−0.0047	0.270		
ODF×CEO						0.0048	0.296
R&D	−	−0.383**	0.024	−0.384**	0.023	−0.381**	0.024
DIV	−	−0.0065*	0.052	−0.0067**	0.047	−0.0066**	0.049
VCF	+	0.0001	0.980	0.0001	0.983	0.0001	0.948
통계량		F−value: 1.76***, R^2: 0.0022, Wooldridge test: 116.177***, Hausman test: 75.73***		F−value: 2.03***, R^2: 0.0012, Wooldridge test: 116.479***, Hausman test: 79.55***		F−value: 2.03***, R^2: 0.0013, Wooldridge test: 116.398***, Hausman test: 78.80***	

***, **, * : 각각 1%, 5%, 10% 수준에서 유의적임을 나타냄. 변수에 대한 설명은 〈표 15〉를 참조

▌표 26▐ 추가분석 : 이사회 특성이 초과현금보유에 미치는 영향의 경영자 유형(소유경영자여부)에 따른 차이: 로그변환

변수	예상 부호	종속변수: ECASH					
		〈패널 A〉 종합적 전문성		〈패널 B〉 재무관련 박사학위		〈패널 C〉 재무관련 대학교수	
		추정계수	유의확률	추정계수	유의확률	추정계수	유의확률
상수	+	−0.0034	0.600	−0.0028	0.657	−0.0035	0.581
ODR	−	0.0012	0.932	0.0005	0.972	0.0062	0.645
ODT	+ / −	0.0518***	0.003	0.0519***	0.003	0.0526***	0.002
BDS	+ / −	0.0229	0.234	0.0230	0.232	0.0218	0.259
ODE	−	−0.0002	0.962				
ODD	−			−0.0035	0.554		
ODF	−					−0.0145**	0.018
CEO		0.0017	0.809	0.0016	0.816	0.002	0.779
ODR×CEO		0.008	0.616	0.0084	0.597	0.0012	0.941
ODT×CEO		−0.0063	0.586	−0.0058	0.620	−0.0074	0.521
BDS×CEO		−0.0592***	0.005	−0.0591***	0.005	−0.0579***	0.006
ODE×CEO		−0.0044	0.486				
ODD×CEO				−0.0084	0.257		
ODF×CEO						0.0094	0.211
R&D	−	−0.388**	0.022	−0.389**	0.021	−0.380**	0.025
DIV	−	−0.0065*	0.053	−0.0067**	0.047	−0.0066*	0.051
VCF	+	0.0001	0.991	0.0001	0.987	0.0001	0.957
통계량		F−value: 1.85***, R^2: 0.0017, Wooldridge test 116.551***, Hausman test: 78.28***		F−value: 2.10***, R^2: 0.0010, Wooldridge test: 116.720***, Hausman test: 81.71***		F−value: 2.10***, R^2: 0.0011, Wooldridge test: 116.660***, Hausman test: 81.05***	

***, **, * : 각각 1%, 5%, 10% 수준에서 유의적임을 나타냄. 변수에 대한 설명은 〈표 15〉를 참조

(5) 소결

본 연구는 이사회의 사외이사비율, 장기재임 사외이사, 유인일치 및 전문성과 같은 이사회 특성이 기업의 초과현금보유에 미치는 영향을 분석하였다. 또한 이사회 특성이 기업의 초과현금보유에 미치는 영향이 주주와 경영자 사이의 대리인문제에 따라 차이가 있는지 여부를 검증하였다. 한국거래소 유가증권시장에 상장된 비금융기업 가운데, 2000년부터 2004년까지 5년간 2,133개 기업-년 자료를 추정표본(estimation sample)으로 이용하여 Opler et al.(1999)의 현금보유모형을 추정하였다. 그리고 2005년부터 2014년까지 10년간 4,829개 기업-년 자료를 확인표본(holdout sample)으로 이용하여, 초과현금보유를 측정하였다. 그런 다음, 이사회 독립성을 나타내는 사외이사비율 및 임기가 10년을 넘은 장기재임 사외이사, 이사회 감시유인을 나타내는 등기이사 주식보유 그리고 사외이사 전문성과 같은 이사회 특성이 초과현금보유에 미치는 효과를 분석하였다. 본 연구의 주요 검증결과는 다음과 같다.

첫째, 임기가 10년을 넘은 장기재임 사외이사수는 초과현금보유에 유의적인 양(+)의 영향을 미치는 것으로 나타났다.

둘째, 등기이사의 주식보유비중은 초과현금보유에 유의적인 음(−)의 영향을 미쳤다.

셋째, 사외이사가 경영학박사 학위를 보유하거나 경영학교수인 경우 초과현금보유에 유의적인 음(−)의 영향을 미치는 것으로 나타났다.

넷째, 10년 이상 재임한 사외이사와 등기이사가 주식을 보유한 경우가 사외이사가 경영학박사 학위를 보유하거나 경영학교수인 경우보다 초과현금보유에 미치는 영향이 더 크게 나타났다.

다섯째, 등기이사의 주식소유비중이 초과현금보유에 미치는 효과가 전문경영자 기업보다 소유경영자 기업에서 더 큰 것으로 나타났다.

Chapter 05

결론 및 시사점

1. 연구의 결론 및 시사점

본 연구는 대리인이론에 근거하여 기업의 초과현금보유에 대한 고찰에 목적을 두고 있다. 이를 위해 대리인 문제와 직접적인 관련이 있는 경영자 및 이사회 특성에 주목하여 기업의 초과현금보유와의 연관성을 실증분석 하였다.

2000년부터 2014년까지 한국거래소 유가증권시장에 상장된 비금융기업 가운데, 검증에 필요한 자료를 얻을 수 있는 기업을 표본으로 선정하였다. 표본 가운데 2000년부터 2004년까지 5년간 2,133개 기업-년 자료를 추정표본(estimation sample)로 이용하여, Opler et al.(1999)의 현금보유모형을 추정하였다. 2005년부터 2014년까지 10년간 4,831개(경영자특성), 4,829개(이사회특성)의 기업-년 자료를 확인표본(holdout sample)으로 이용하여 초과현금보유를 계산한 후, 각각 경영자 및 이사회 특성과의 관련성을 분석하였다.

본 연구에서 행한 실증분석의 결과는 다음과 같다.

연구 1의 결과에서는 첫째, 주주와 경영자 사이의 대리인문제가 높은 전문경영자기업이 소유경영자기업보다 초과현금보유가 큰 것으로 나타났다. 둘째, 경영자 재임기간이 길어질수록 초과현금보유가 감소하는 것으로 나타났으나, 감소폭은 줄어드는 것으로 나타났다. 셋째, 2008~2009년 금융위기 이전표본을 대상으로 분석한 결과, 소액주주와 지배주주 사이의 대리인문제가 높은 대규모기업집단에 소속된 경영자의 초과현금보유가 큰 것으로 나타났다. 그러나 금융위기 이후 표본을 대상으로 분석한 결과, 대규모기업집단에 소속된 경영자 여부와 초과현금보유 사이에 유의적인 관련성이 나타나지 않았다.

연구 1은 초과현금보유에 영향을 미치는 요인으로 대리인이론에 근거한 경영자 특성을 선정하고 이를 실증적으로 검증함으로써, 초과현금보유를 설명할 수 있는 실증적 근거를 제시한다는 점에서 학문적 의의를 찾을 수 있다. 또한 본 연구의 결과는 정책담당자들의 초과현금보유에 대한 통제시스템을 설계하는데 근거자료로 활용할 수 있다는 측면에서 실무적 의의도 찾을 수 있다.

한편 연구 2의 결과에서는 첫째, 임기가 10년을 넘은 장기재임 사외이사수는 초과현금보유에 유의적인 양(+)의 영향을 미치는 것으로 나타났다. 둘째, 등기이사의 주식보유비중은 초과현금보유에 유의적인 음(-)의 영향을 미쳤다. 셋째, 사외이사가 경영학박사 학위를 보유하거나 경영학교수인 경우 초과현금보유에 유의적인 음(-)의 영향을 미치는 것으로 나타났다. 넷째, 10년 이상 재임한 사외이사와 등기이사가 주식을 보유한 경우가 사외이사가 경영학박사 학위를 보유하거나 경영학교수인 경우보다 초과현금보유에 미치는 영향이 더 크게 나타났다. 다섯째, 등기이사의 주식소유비중이 초과현금보유에 미치는 효과가 전문경영자 기업보다 소유경영자 기업에서 더 큰 것으로 나타났다.

연구 2는 초과현금보유의 원인을 기업지배구조 측면으로 확장시킴으로써, 향후 연구에서 이사회 특성을 활용할 수 있는 근거를 제공한다는 측면에서 학문적 의의를 찾을 수 있다. 또한 초과현금보유에 대한 통제시스템을 설계하는데 본 연구의 결과를 활용할 수 있다는 측면에서 실무적 의의도 찾을 수 있다.

2. 연구의 한계 및 향후 제안

이상의 관점에서 본 연구가 갖는 한계와 향후 연구 방향을 기술하면 다음과 같다.

첫째, 경영자와 이사회의 특성 변수들은 각 기업이 공시한 사업보고서에서 추출한 것으로 정보의 정확도에 따라 각 변수들의 측정오차가 발생할 수 있어서 측정의 타당성문제를 완전히 극복하기는 어렵다는 한계점이 있다.

둘째, 본 논문에서는 기업의 초과현금보유가 대리인문제로 인해 발생한다고 전제 하고 있다. 초과현금 보유가 대리인문제에 기인하지 않은 것일 수도 있는데, 대리인 이론 관점에서 생각할 수 있는 경영자와 이사회 특성변수를 도입하여 검증을 실시하였다.

셋째, 경영자와 이사회 특성이 대리인문제에 미치는 영향과 대리인문제가 기업의 초과현금 보유에 미치는 영향의 결합가설(joint hypothesis)에 대한 검증 문제이기 때문에, 연구 결과에 대한 해석에 유의해야한다.

넷째, 이사회의 독립성과 전문성이라는 구성개념을 선행연구에 근거하여 변수로 측정하였다. 그러나 이러한 변수측정이 한국적 상황에서 이사회의 독립성과 전문성을 제대로 측정하고 있는지에 대해서는 추가적인 검증이 필요하다. 이사회 독립성과 관련하여 사외이사가 대주주 또는 CEO와 학연 및 지연 등 사회적 유대관계(social tie)를 가지고 있는지와 같은 변수로 측정하여 검증을 실시할 필요가 있다. 또한 본 연구에서는 종속변수인 초과현금흐름과 관련하여 이사회 전문성을 재무 및 회계와 관련된 부분으로 한정했으나, 다양한 이사회의 역할을 고려할 때 전문성을 재무 및 회계에 한정한 것은 한계점으로 지적될 수 있다.

이상과 같은 한계에도 불구하고 기업의 초과현금 보유와 관련하여 향후 연구방향을 다음과 같이 제시한다.

첫째, 초과현금보유가 경영자의 의사결정에 미치는 영향을 파악하는 등 초과현금 보유와 기업가치 사이의 매개변수(mediated variable)를 파악할 필요가 있다. 또한 초과현금보유와 효과 사이의 관계에 영향을 미치는 조절변수(moderating variable)로서 기업지배구조의 역할 등에 대한 분석도 이루어질 필요가 있다.

둘째, 초과현금보유로 인한 대리인문제는 기업의 내부감시 수요를 증가시키고, 이는 높은 품질의 외부감사서비스에 대한 수요로 이어질 수 있다 따라서 초과현금보유의 보다 직접적인 효과를 검증하기 위하여 기업의 초과현금보유가 외부감사인의 감사노력(감사보수와 시간)에 미치는 효과와 함께 경영자 특성, 그리고 기업지배구조 특성이 조절변수로서 감사노력에 어떠한 영향을 미치는지의 추가연구가 이루어질 필요가 있다.

셋째, 사외이사비율이 초과현금비율과 유의적인 관련성이 나타나지 않았는데, 향후 연구에서는 이사회 독립성을 타당성이 높은 변수로 측정하여, 초과현금비율에 미치는 영향에 대한 검증을 실시할 필요가 있다. 또한 이사회 특성을 나이, 전공 및 경력 등 좀 더 다양한 항목으로 분류하여 추가적인 검증을 실시할 수 있다.

▣ 참고문헌

강윤식 · 국찬표(2012), “사외이사의 독립성과 기업가치,” **내무연구**, 25(3), 451-498.

강형철, 장하성(2014), “한국 대규모기업집단에서 내부자본시장과 대리인 문제 : 그룹 현금 보유의 역할,” **금융연구**. 28(2). 101-135

공재식(2006), “우리나라 기업의 현금보유수요 결정요인 분석,” **재무연구**, 19(1), 1-41.

김명인, 최종학(2008), “지배권과 소유권의 차이로 측정한 기업지배구조와 기업의 보수주의 사이의 관계,” **회계와 감사연구**, 47, 181-209

김병모(2012), “기업의 투자헷징 동기와 초과현금의 수익성 증진 효과,” **산업경제연구**, 25(5), 3239-3254.

김병기(2004), “상장기업의 현금보유수준에 관한 실증분석,” **금융공학연구**, 3(2), 147-170.

김창수, 조담(1996), “한국기업의 유동성 투자 결정 요인에 관한 연구,” **재무연구**, 12, 187-209.

김창수(2006), “한국의 사외이사제도 도입과 기업가치,” **재무연구**, 19(2), 105－ 153.

김현아, 최우석, 최승욱(2014), “이사회의 독립성 및 전문성과 투자효율성,” **경영학연구**, 43(4), 1343-1378.

김확열, 최미화(2010), “기업지배구조가 회계이익과 과세소득의 차이에 미치는 영향,” **국제회계연구**, 32, 79-106

박재완, 이상철, 정갑수(2010), “감사위험과 감사보수의 관련성,” **경영학연구** 39(3): 633-663.

서영미 · 고재민 · 이호영(2010), “사외이사 특성과 성과에 근거한 경영자 보상과의 상관관계,” **회계연구**, 15(1), 1－31.

신민식, 김수은(2012), “기업의 초과현금 보유가 현금의 한계가치에 미치는 영향,” **경영학연구**, 41(6): 1375-1403.

신현한, 장진호(2003), “최고경영자의 교체에 따른 경영성과 변화,” **재무연구**, 16(2): 231-256.

엄수진(2015), “사외이사 연임제한 ‘유명무실’…상장사 6%만 채택, 독립성저해우려,” **국민일보**, 2015년 6월 19일자.

이경태, 이상철, 박애영(2005), “경영자 스톡옵션 보상과 기업가치: 선형 및 비선형 관계 분석,” **경영학연구**, 34(6), 1637-1665.

이상철(2014), “경영자 및 기업지배구조 특성과 원가행태 비대칭성사이의 관련성,” **회계저널**, 23(2): 251-282.

이상철, 박재완, 정갑수(2010), “경영자 스톡옵션 보상이 감사보수에 미치는 영향,” **관리회계연구**, 10(1), 103-132.

이상철, 정갑수(2013). “이사회 독립성에 영향을 미치는 사외이사후보추천위원회 특성에 대한 연구, **관리회계연구**, 13(2), 27-50.

이화진, 문상혁(2005), “기업지배구조가 보고이익의 질, 경영성과 및 기업가치에 미치는 영향,” **한국회계학회 학술발표논문집**, 1−32.

임경묵, 최용석(2006), “기업의 현금보유 패턴변화 및 결정요인에 대한 연구,” **정책연구 시리즈**, 2006-11, 한국개발연구원.

임혜경, 조은영, 고상연(2014), “사외이사의 전문성이 기업가치와 경영성과에 미치는 영향,” **세무회계연구**, 39, 83-102.

장우정(2015), 금융硏 “사외이사 주식보상·스톡옵션 재도입 고려해야”. **조선비즈**, 2015년 2월 1일자.

전호진(2010), “사외이사 특성과 주식성과 : KOSDAQ, NASDAQ IPO기업을 중심으로”, **대한경영정보학회**, 29(1), 1-23.

정재형(2014), 국민연금 “계열사 포함 10년 이상 재직 사외이사 후보 반대”. **조선일보**, 2014년 2월 28일자.

최정호, 김명서, 홍수희(2013), “이사회 특성과 투자효율성,” **국제회계연구**, 50(8월), 369-398.

Agrawal, A. and C. Knoeber(2001), “Do Some Outside Directors Play a Political Role?,” *Journal of Law and Economics*, 44, 179-198.

Agrawal, A., and G. Mandelker(1987), “Managerial incentives and corporate investment and financing decisions,” *Journal of Finance*. 42, 823-837.

Almeida, Heitor, Murillo Campello, and Michael S. Weisbach(2004), “The Cash Flow Sensitivity of Cash,” *Journal of Finance,* 59(4), 1777-1804.

Amihud, Y., and B. Lev(1981), "Risk reduction as a managerial motive for conglomerate mergers," *The Bell Journal of Economics,* 12, 605–617.

Baek, J., J. Kang, and K. Park(2004), "Corporate governance and firm value: Evidence from the Korean financial crisis," *Journal of Financial Economics,* 71, 265–313.

Barclay, M. and C. Holderness(1989), "Private Benefits from Control of Public Corporation," *Journal of Financial Economics,* 25, 371-395.

Baumol, W(1952), "The Transactions Demand for Cash: An Inventory Theoretic Approach," Quarterly *Journal of Economics* 65, 545-556.

Beal, R. M., and M. Yasai-Ardekani(2000), "Performance implications of aligning CEO functional experiences with competitive strategies," *Journal of Management,* 26(4), 733–762.

Beasley, M. and Salterio, S.(2001), "The relationship between board characteristics and voluntary improvements in audit committee composition and experience," *Contemporary Accounting Research,* 18, 539–570.

Bebchuk, L., and L. Stole(1993), "Do short-term objectives lead to under- or over-investment in long-term projects?," *Journal of Financ.* 48, 719–29.

Bcbchuk, L. and Fried, J.(2004), *Pay without performance: the unfulfilled promise of executive compensation*, Cambridge, MA: Harvard University Press.

Berle, A., and G. Means(1932), *The modern corporation and private property.* New York, NY: Harcourt, Brace, & World.

Bertrand, M. and S. Mullainathan(2003), "Enjoying the quiet life? CEO behavior following antitakeover legislation," *Journal of Political Economy*, 111, 1043-1075.

Bhagat, S. and Black, B.(2000), "The non-correlation between board independence and long-term firm performance," *Journal of Corporation Law,* 27, 231–274.

Bhojraj, Sanjeev, and Partha Sengupta.(2003), ''Effect of Corporate Governance on Bond Ratings and Yields: The Role of Institutional Investors and Outside Directors,'' *Journal of Business*, 76, 455–75.

Black, B. and W. Kim(2012), "The Effect of Board Structure on Firm Value: A Multiple Identification Strategies Approach Using Korean Data," *Journal of Financial Economics,* 104, 203-226.

Blanchard, O. J., F. Lopez-de-Silanes, and A. Shleifer(1994), "What do firms do with cash windfalls?," *Journal of Financial Economics*, 36 (3), 337–360.

Brookfield, D., and P. Ormrod(2000), "Executive stock options: Volatility, managerial decisions and agency costs," *Journal of Multinational Financial Management,* 10, 275–295.

Bushee, B(1998), "The influence of institutional investors on myopic R&D investment behavior," *The Accounting Review,* 73(3), 305–333.

Byoun, Soku(2008), "How and When Do Firms Adjust their Capital Structures Toward Targets?" *The Journal of Finance,* 63(6), 3069-3096.

Chang S., and J. Hong(2000), "Economic performance of group-affiliated companies in Korea: Intragroup resource sharing and internal business transactions," *Academy Of Management Journal,* 43, 429–448.

Chang, S., C. Chung, and I. Nahmood(2006), "When and how does business group affiliation promote firm innovation? A tale of two emerging economies," *Organization Science,* 17(5), 637–656.

Core, J., and W. Guay(1999), "The use of equity grants to manage optimal equity incentive levels," *Journal of Accounting and Economics,* 28(2), 151-184.

Core, J., Holthausen, R., and Larcker, D.(1999), "Corporate governance, chief executive officer compensation, and firm performance," *Journal of Financial Economics,* 51, 371–406.

Dahya, J., Dimitrov, O., and McConnell, J. J.(2008), "Dominant shareholders, corporate boards, and corporate value: a cross-country analysis," *Journal of Financial Economics,* 87, 73–100.

Dechow P., and R. Sloan(1991), "Executive incentives and the horizon problem: An empirical investigation," *Journal of Accounting and Economics,* 14(1), 51–89.

DeFusco, R., R. Johnson, and T. Zorn(1990), "The effect of executive stock option plans on stockholders and bondholders," *Journal of Finance,* 45, 617–627.

Desai, M. A. and Dharmapala, D.(2006), "Corporate tax avoidance and high powered incentives," *Journal of Financial Economics,* 79(1), 145–179.

Dittmar, A., J. Mahrt-Smith, and H. Servaes(2003), "International corporate governance and corporate cash holdings," *Journal of Financial and Quantitative Analysis,* 38(1), 111–133.

Dittmar, A., and J. Mahrt-Smith(2007), "Corporate governance and the value of cash holdings," *Journal of Financial Economics,* 83(3), 599–634.

D'Mello, R., S. Krishnaswami, and P. Larkin(2008), "Determinants of Corporate Cash Holdings: Evidence from Spin-Offs," *Journal of Banking and Finance*, 32(7), 1209-1220

Faccio, M., L. H. P. Lang, and L. Young(2001), "Dividends and expropriation," *American Economic Review*, 91(1), 54–78.

Fama, E(1980), "Agency problems and the theory of the firm," *Journal of Political Economy,* 88(2), 288–307.

Fama, E. and Jensen, M.(1983), "Separation of ownership and control," *Journal of Law and Economics,* 26(2), 301–325.

Faulkender, Michael W., and Rong Wang(2006), "Corporate Financial Policy and the Value of Cash," *Journal of Finance* 61(4), 1957-1990.

Ferreira, Miguel A., and Antonio S. Vilela(2004), "Why Do Firms Hold Cash? Evidence from EMU Countries," *European Financial Management* 10(2), 295-319.

Fields, M. & Keys, P.(2003), "The emergence of corporate governance from Wall St. to Main St.: outside directors, board diversity, earnings management, and managerial incentives to bear risk," *The Financial Review,* 38(1), 1–24.

Frank, M. and Goyal, V.(2003), "Testing the pecking order theory of capital structure," *Journal of Financial Economics,* 67(2), 217–248.

Friedman, R. A. and Krackhardt, D.(1997), "Social capital and career mobility: a structural theory of lower returns to education for Asian employees," *Journal of Applied Behavioral Science,* 33(3), 316–334.

Gerety, M. and Lehn, K.(1997), "The causes and consequences of accounting fraud," *Managerial and Decision Economics,* 18(7-8), 587–599.

Gilson, R. J., and J. N. Gordon(2003), *Controlling controlling shareholders,* Columbia Law and Economics Working Paper No. 228, Columbia Law School, The Center for Law and Economic Studies, New York.

Govindarajan, V(1989), "Implementing competitive strategies at the business unit level: Implications of matching managers to strategies," *Strategic Management Journal,* 10(3), 251–269.

Guay, W(1999), "The sensitivity of CEO wealth to equity risk: An analysis of the magnitude and determinants," *Journal of Financial Economics,.* 53, 43–71.

Gupta, Anil K(1984), "Contingency Linkages between Strategy and General Manager Characteristics: A Conceptual Examination," *Academy of Management Review,* 9(3), 399-412.

Gupta, A. K., and V. Govindarajan(1984), "Business unit strategy, managerial characteristics, and business unit effectiveness at strategy implementation," *Academy of Management Journal.* 27(1), 25–41.

Hall, B(2000), "What you need to know about stock options," *Harvard Business Review,* 78, 121–129.

Hanlon, M., S. Rajgopal, and T. Shevlin(2003), *Large sample evidence on the relation between executive stock option compensation and risk taking,* Working Paper, University of Chicago and University of Washington.

Harford, Jarrad(1999), "Corporate Cash Reserves and Acquisitions," *The Journal of Finance,* 54(6), 1969-1997.

Harford, J., A. Mansi, and W. Maxwell(2008), "Corporate governance and a firm's cash holdings in the US," *Journal of Financial Economics,.* 87(4), 535–555.

Haung, S(2013) *Zombie board; Board Tenure and Firm Performance,* Working paper,

Singapore Management University.

Haugen, R., and L. Senbet(1981), "Resolving the agency problems of external capital through options," *The Journal of Finance,* 36, 629–648.

Hermalin, B. E. and Weisbach, M. S.(1991), "The effects of board composition and direct incentives on firm performance," *Financial Management,* 20(4), 101–112.

Hemmer, T., S. R. Matsunaga, and T. Shevlin(1999), "A guide to valuing employee stock options with a reload feature," *Journal of Applied Corporate Finance,* 12, 118–128.

Hill, C. W. L. and Snell, S. A(1988), "External control, corporate strategy, and firm performance in research-intensive industries," *Strategic Management Journal,* 9(6), 577–590.

Hirshleifer, David, and Yoon Suh(1992), "Risk, Managerial Effort, and Project Choice," *Journal of Financial Intermediation* 2(3), 308-345.

Jani, E.,M. Hoesli, and A. Bender(2008), *"Corporate Cash Holdings and Agency Conflicts,"* Working Paper, University of Geneva

Jensen, M. C(1986), "Agency costs of free cash flow, corporate finance, and takeovers," *American Economic Review,* 76 (2), 323–329.

Jensen, M. C., and W. H. Meckling(1976), "Theory of the firm: managerial behavior, agency costs and ownership Structure," *Journal of Financial Economics,* 3(4), 305–360.

Jensen, Michael C., and Kevin J. Murphy(1990), "Performance Pay and Top-Management Incentives," *Journal of Political Economy* 98(2), 225-264.

Jiambalvo, J., S. Rajgopal and M. Venkatachalam(2002), "Institutional Ownership and the Extant to which Stock Prices Reflect Future Earnings," *Contemporary Accounting Research,* 19, 117-136.

Kaplan, S. and Reishus, D.(1990), "Outside directorships and corporate performance," *Journal of Financial Economics,* 27(2), 389–410.

Kennedy, J.J.(1992), *Analyzing qualitative data: log-linear analysis for behavioral research,*

New York: Praeger.

Keynes, J. M(1936), *The general theory of employment, interest and money.* London, UK: Macmillan and Company.

Kim, C.-S., D. C. Mauer, and A. E. Sherman(1998), "The determinants of corporate liquidity: Theory and evidence," *Journal of Financial and Quantitative Analysis,* 33(3), 335–359.

Kim, S(2007), "The influence of corporate ownership structure on cash holdings," *Korea Business Review,* 36(3), 739–763.

Kim, Y., H. Shin and S. Kim(2014), *Cash Holdings of Korean Companies: Public and Private Firms in 2000,* Korea Economic Research Institute.

Klein, A.(1998), "Firm Performance and Board Committee Structure," *Journal of Law and Economics*, 41(1), 275-304.

Klein, A(2000), *CEO Power, Board Independence and CEO Compensation: an Empirical Investigation,* Working Paper, New York University.

Klein, A.(2002), "Audit committee, board of director characteristics, and earnings management," *Journal of Accounting and Economics,* 33(3), 375–400.

Koh, P(2007), "Institutional investor type, earnings management and benchmark beaters," *Journal of Accounting and Public Policy,* 26(3), 267–299.

Lee, E. and Powell, R.(2011), "Excess cash holdings and shareholder value," *Accounting and Finance*, 51(2), 549–574.

Lee, K., S. Lee, and A. Park(2005), "The impact of executive stock option compensation on stock return volatility," *Korea Business Review,* 34(1), 57–84.

Mak, Y.T and Kusnadi, Y.(2005), "Size Really Matter. Further Evidence on the Negative Relationship between Board Size and Frm Value," *Pacific Basin Finance Journal,* 13, 301-318.

Mikkelson, W. H., and M. M. Partch(2003), "Do persistent large cash reserves hinder performance?," *Journal of Financial and Quantitative Analysis,* 38(2), 275–294.

Milgrom P, Roberts J.(1995), "Complementarities and fit: strategy structure and organizational change in manufacturing," *Journal of Accounting and Economics,* 19, 179–208.

Moore, J(2006), *Board and audit committee independence affect tax reporting aggressiveness?* Unpublished Ph.D. diss., Arizona State University.

Myers, Stewart C., and Nicholas S. Majluf(1984), "Corporate Financing and Investment Decisions When Firms Have Information That Investors Do Not Have," *Journal of Financial Economics,* 13(2), 187-221.

Neter, J., M. Kutner, and W. Wasserman(1990), *Applied linear statistical models: Regression, analysis of variance, and experimental designs.* Chicago, MI: Irwin.

Nikolov, B. and T. Whited(2011), *Agency Conflicts and Cash: Estimates from a Structural Model,* Working Paper. University of Rochester.

O'Reilly, C. A. and Caldwell, D. F.(1981), The commitment and job tenure of new employees: some evidence of post-decisional justification, *Administrative Science Quarterly,* 26(4), 597–616.

Opler, T., L. Pinkowitz, R. Stulz, and R. Williamson(1999), The determinants and implications of corporate cash holdings, *Journal of Financial Economics,* 52(1), 3–46.

Pearce, J. and Zahra, S.(1992), "Board composition from a strategic contingency perspective," *Journal of Management Studies,* 29, 411–438.

Pinkowitz, L., R. Stulz, and R. Williamson(2006), "Does the contribution of corporate cash holdings and dividends to firm value depend on governance? A cross-country analysis," *The Journal of Finance,* 61(6), 2725–2751.

Ryan, Harley E. Jr., and Roy A. Wiggins III(2004), "Who Is in Whose Pocket? Director Compensation, Board Independence, and Barriers to Effective Monitoring," *Journal of Financial Economics,* 73, 497-524.

Salancik, G(1977), *Commitment and the control of organizational behavior and belief,* In: Staw, B. and Salancik, G., Eds., New Directions in Organizational Behavior, St. Clair Press, Chicago, 1-54.

Shleifer, Andrei, and Robert W. Vishny(1997), "A Survey of Corporate Governance," *The Journal of Finance,* 52(2), 737-783.

Smith, C., and R. Stulz(1985), "The determinants of firms' hedging policies," *Journal of Financial and Quantitative Analysis,* 4, 391–405.

Stultz, R(1990), "CEO discretion and optimal financing policies," *Journal of financial Economics*, 22, 3-27.

Sun, J., Cahan, S., and Emanuel, D.(2009), "Compensation committee governance quality, chief executive officer stock option grants and future firm performance," *Journal of Banking & Finance,* 33(8), 1507–1519.

Thomas, A. S., R. J. Litschert, and K. Ramaswamy(1991), "The performance impact of strategy-manager coalignment: An empirical examination," *Strategic Management Journal,* 12(7), 509–522.

Tong, Z.(2010), "CEO risk incentives and corporate cash holdings," *Journal of Business Finance & Accounting,* 37, 1248–1280.

Vafeas, N.(2003), "Length of board tenure and outside director independence," *Journal of Business Finance & Accounting,* 30(7-8), 1043–1064.

Weisbach, M.(1988), "Outside directors and CEO turnover," *Journal of Financial Economics,* 20(1-2), 431–460.

Wright, P., M. Kroll, J. A. Krug, and M. Pettus(2007), "Influences of top management team incentives on firm risk taking," *Strategic Management Journal,* 28 (1):81–89.

Yermack, D.(1996), "Higher market valuation of companies with a small board of directors," *Journal of Financial Economics,* 40(2), 185–221.

Yermack, D.(2004), "Remuneration, retention, and reputation incentives for outside directors," *Journal of Finance*, 59(5), 2281–2308.

대리인(Agency) 문제와 기업의 초과현금(Excess Cash) 보유

2019년 4월 5일 | 초판 인쇄
2019년 4월 10일 | 초판 발행

지 은 이 | 임재민
발 행 인 | 김은중
발 행 처 | 서울경제경영출판사
북 디 자 인 | (주)우일미디어디지텍

주 소 | 03767 서울특별시 서대문구 신촌로 205, 506호
전 화 | 02)313-2682
팩 스 | 02)313-8860

등 록 | 1998년 1월 22일 제5-63호

ISBN 979-11-6282-047-6 93320 정가 12,000원